欧洲中古史

何鲁之 著

图书在版编目（CIP）数据

欧洲中古史 / 何鲁之著. —成都：巴蜀书社，2022.8

（巴蜀百年学术名家丛书）

ISBN 978-7-5531-1627-3

Ⅰ.①欧… Ⅱ.①何… Ⅲ.①欧洲—中古史 Ⅳ.①K503

中国版本图书馆 CIP 数据核字（2021）第 272740 号

欧 洲 中 古 史
OUZHOU ZHONGGUSHI

何鲁之 著

责任编辑	王承军
出　　版	巴蜀书社
	成都市锦江区三色路 238 号新华之星 A 座 36 层
	邮编：610023
	总编室电话：(028)86361843
网　　址	www.bsbook.com
发　　行	巴蜀书社
	发行科电话：(028)86361852　86361847
排　　版	四川胜翔数码印务设计有限公司
印　　刷	成都东江印务有限公司
版　　次	2022 年 8 月第 1 版
印　　次	2022 年 8 月第 1 次印刷
成品尺寸	130mm×210mm
印　　张	9.5
字　　数	190 千
书　　号	ISBN 978-7-5531-1627-3
定　　价	72.00 元

本书若有印装质量问题，请与本社发行科联系调换

出版说明

本书原为何鲁之先生任教成都大学、四川大学时的讲义，1937年1月由商务印书馆出版，同年4月再版。此次重版，我们即据商务印书馆初版整理。书中人名、地名、字词等与今日略有不同，为保存原貌，我们未做统一修改，尚希读者见谅。

巴蜀书社
2022年8月

目　录

弁　言/1

绪　论/1

第一编　新兴民族之欧洲/1

第一章　新兴民族侵入罗马帝国/3

　　第一节　新兴民族移转/3

　　第二节　新兴民族建国/5

　　第三节　新兴民族入居帝国内之性质/9

　　第四节　新兴民族之社会一瞥/11

第二章　新兴民族扰攘中之一线光明/16

　　第一节　罗马教会/16

　　第二节　清修主义与传道事业/21

第三章　罗马光荣之昙花再现/25

　　第一节　茹斯底年/25

　　第二节　失地之收复/28

　　第三节　茹斯底年之事业何以不能持久/32

第二编　封建制度之欧洲与回教/41

第一章 查理曼帝国/43

第一节 查理曼/43

第二节 查理曼之武功/44

第三节 查理曼为西欧皇帝/45

第四节 查理曼之文治/47

第二章 查理曼帝国崩溃后之欧洲/49

第一节 凡尔登条约/49

第二节 新兴民族四面入侵中之诺尔曼人/50

第三节 肥硕查理与帝国复合/52

第四节 帝国不能统一之原因/53

第三章 封建制度/55

第一节 封建制度溯源/55

第二节 封建制度之发展/57

第三节 封建制度下之教会/60

第四节 封建制度之式微/62

第四章 回教/64

第一节 亚拉伯人与穆罕默德/64

第二节 伊斯兰/65

第三节 回教世界/67

第四节 回教徒之知识生活/69

第三编 民族国家发端/73

第一章 法国/75

第一节 肥硕查理被废以后之法国/75

第二节 新朝诸王之处境/77

第三节 王室领地之扩张/79

第四节 喀白朝诸王之政绩/81

第二章 英国/85

第一节 诺尔曼人入侵以前之英国/85

第二节 一〇六六年以后之英国/88

第三节 金雀花朝/93

第四节 大宪章/96

第五节 国会之发展/98

第三章 德意志/103

第一节 鄂多第一以前之德国/103

第二节 鄂多第一与神圣罗马帝国/105

第三节 红须弗勒德勒与意大利诸城/108

第四节 弗勒德勒第二与以后德国之混乱局势/111

第四章 意大利/118

第一节 西罗马衰灭以后之意大利/118

第二节 查理曼死后之意大利/119

第三节 纷扰之意大利/120

第四编 政教冲突及十字军/123

第一章 政教冲突/125

第一节 教会之权威/125

第二节 革黎归第七与亨利第四/127

第三节 教皇之极盛时代/130

第四节 波利伐第八与腓力布第四/132

第五节 教会之分裂/134

第二章 十字军/149

第一节 第一次十字军/149

第二节 以后之十字军/152

第三节 骑士团/155

第四节 十字军影响/158

第五编 中古时代之社会与文化/163

第一章 宗教社会一瞥/165

第一节 僧侣在社会上之地位/165

第二节 教会腐化与改革/167

第三节 异端之兴起/169

第四节 托钵僧/172

第二章 一般之生活/175

第一节 贵族生活/175

第二节 乡民生活/177

第三节 中产阶级/179

第四节 工业与商业/182

第三章 文化/187

第一节 中古时代之语言文字/187

第二节 中古时代之美术/190

第三节 中古时代之科学/193

第四节 中古时代之哲学/197

第五节 大学/203

第六编 中古时代之最后排演/207

第一章 英法百年之战及玫瑰战争/209

第一节 百年之战之原因/209

第二节 百年之战经过情形/211

第三节 百年战争期中英法两国之状况及战争结果/215

第四节 玫瑰战争/220

第二章 宗教改革前之教会与土耳基威胁下之东罗马/223

第一节 宗教大会/223

第二节 罗马帝国之寿命终止/226

第七编 欧洲之曙光/237

第一章 地理上之大发见/239

第一节 地理知识与航海术之进步/239

第二节 葡萄牙人之殖民事业/241

第三节 西班牙人之殖民事业/244

第四节 大发见之影响/247

第二章 文艺复兴/250

第一节 人之自觉/250

第二节 意大利之文艺复兴/254

第三节 法国之文艺复兴/260

第四节 北欧之文艺复兴/264

弁　言

编者深感初读《欧洲中古史》者不易捉得要领,因此此编所注意之数事可使读者减少困难:(一)全编极注意系统表,俾读者随时检阅,不至颠倒史实,或中途迷惘;(二)注意当时欧洲各方面之生活情形,俾读者获得整个概念;(三)叙述与结论力求简明扼要,使读者不至为废词赘语所眩惑。以上三点,本极寻常,然此亦编者根据历年教书所得之经验,而冀以此聊助读者之微意也。仍望海内硕彦加以指政。

何鲁之　二十五年五月

绪　论

中古史始于何时？此实未可易言。要之,在叙述中古之事迹以前,罗马帝国之状况似有加以检讨之必要。

奥古斯都(Augustus)为罗马帝国之创建者,但承继法毫无规定,因此自彼死后(一四),则混乱、仇视、阴谋、暴动,不断发生。故罗马在奥古斯都时为黄金时代,亦即日盈而昃之时期。

至柯摩度(Commodus)死后(一九三),帝国初则为人竞卖,继则不列颠、叙利亚、多恼河之军队各拥其帅以争衡。迨加勒加拉(Caracalla)被杀后(二一七),实际操持政权者为一叙利亚女人絮良美萨(Julia Moesa)。哀拉格巴尔(Elagabalus,二一八—二二二)为人极荒诞：设妇人议会,衣妇人之衣,以金银粉撒地,用玫瑰汁浴身；又因预言家谓其将必凶死,彼乃预备若干丝带,并建一高塔,以为自尽之用。二五八年,高卢军司令波斯土木司(Postumus)为部下推为皇帝,京都设于特里佛斯(Treves),并扩张其权力于不列颠与西班牙,俨然西部之凯撒。二〇六年,波斯王萨波尔(Sapor)攻入叙利亚及小亚细亚之腹部,罗马皇帝瓦勒里安(Valerian)被俘。据云萨波尔用之作上马磴,旋剥其皮而悬之于神庙之中。叙利亚沙漠中有巴尔米尔(Palmyre)亲王鄂德拉(Odenath),于瓦勒里安被俘后获得东方总督之头衔及亚洲各军之司令权。此人野心甚炽,实欲在罗马帝国名义之下建一独立之邦。迨彼死后(二六七),其寡妻施诺璧(Zenobie)旋侵入埃及及小亚细亚,居然塞留古(Seleukos)之帝国又重现于当时。自罗马帝国分治后(二八五),四帝各居一方,宫室职官,数倍于前,横征暴敛,民不聊生。迨君士坦丁死后(三三七),子侄互争亘二十年,至茹利安(Julian,三六一——三六三)时,始暂获与民休息。体何德西(Theodosius)分帝国于其二子(三九五),东帝亚加都(Arcadius)极孱弱,左右皆憸佞,朝政遂致紊乱。至于西部,外患日亟,异族军人跋扈,帝位岌岌不可终日,固不必俟诸四七六年也。

塞佛罗(Septimius Severus,一九三—二一一)自以为"多给金钱与军队,遂可漠视其余之人"之政策可以巩固其军事独裁制,岂知此制竟造成半世纪之军事混乱(二三五—二八五)。在此混乱期中,东方有波斯新朝之威胁,莱因与多恼方面则有大群大多数操日耳曼语之异族之流寇。外患与内讧常交互影响,内争每因边境不断战争而加紧。

少数异族窜入帝国境内竟能肆意横行，闻之似觉奇异。须知罗马军队皆缘边境而戍守，如此保护线某点一破，敌人即可长驱深入而无阻。帝国境内无多兵，高卢仅里昂有千人左右。并且边军本身已无价值：军事为一般中产阶级所唾弃，兵士常征之于贱民之中。纪律与品德皆已废弛：兵士认操练太苦，军械太重；此辈不住营舍而居于家中；战时，随军之行李极繁重，常妨碍进行。安多尼朝（Antonius）诸帝（九八——一九二）为救药此种病态，每愿招募异族以成军。塞佛罗继起仿行之，此后罗马军中之兵士大多数皆为异族。二六〇年，奥烈伦（Aurelian，二七〇—二七五）作战于色雷斯（Thrace），其左右之部将，如阿尔托孟（Hartomund）、阿德加斯特（Holdegast）与喜尔德孟（Hildemund）等，即为日耳曼族。戴克利先（Diocletian，二八四—三〇五）与君士坦丁（三〇六—三三七）于边防军之外，另以一军散驻于各城市，从此高卢之勒内（Rennes）有佛兰克人，沙尔特（Chartres）有条顿人，亚拉斯（Arras）有巴达维人（Bataves），巴黎有萨尔马特人（Sarmates）。

罗马之政军情形如此，试看罗马城中之生活究何如耶？罗马自奥古斯都以来即已扩大，约有居民一百五十万人。有公用不取费之浴园，可容数万人。浴园中除热间、热浴、冷浴、按摩外，有体操室、图书馆及谈话厅。园中有音乐家奏乐，诗人诵诗。罗马节庆特多，每年约有一百七十五日。每逢庆节,皇帝必开表演大会,皇帝且须出席,并于休息时间散放礼物或金钱。如遇凯旋或游艺场落成,庆期竟历百日。表演除演时事之剧场外,有赛马场。赛马场可容三十余万人。并马竞赛,异常兴奋,观众常报以最热烈之感情。表演中最残酷者为角斗场。当纪元前一世纪时,国家常举行角斗表演以娱人民。角斗者或为死刑犯,或为战争俘虏,或为奴隶;亦有自由人为冒险与荣誉而操此业者。表演时,角斗者鱼贯入场,行近皇帝座前时,则肃立言曰:"敬礼,凯撒皇帝,将死之人向你敬礼——Ave, Caesar Imperator, merituri te salutant。"决斗时,败者每举手向观众乞怜;如观众以巨指指地,即表示不愿饶恕,如此则胜者立毙之。欲探察败者是否已死,则以红铁烙试之。凡伤者不能医治时,亦必毙之。有时令角斗者与猛兽格斗,或缚罪人于柱上而任猛兽撕食之。当耶教被压迫时,教徒每被掷入角斗场中,因此殒命者极众。最使罗马人发生兴会者为围猎野兽,但此时须改角斗场为森林。奥古斯都曾戏杀野兽三千五百只;提多(Titus,七九—八一)戏杀九千只;图拉真(Trajan,九八——一七)竟戏杀一万一千只。角斗场地底有机关,可注水使成湖泽以作水战之用。罗马人之日常生活即如此,拉丁诗人如维拉耳(Juvenal,四二—一二五)尝太息曰:"此辈罗马人不久尚从事支配权柄、法西(faisceaux)、联队及一切荣誉,而今乃日事休息,并在彼辈不安之中只要求两事,即面包与游戏——panem et circenses 而已!"

再就一般社会观之。罗马当共和时代,虽然富者在事实方面把握实权,而在理论上,即无论贫富,公民皆在法律之前一律平等。至帝国时代则大不然。法律分公民为两级:富者称霍勒斯丢尔(honestioros),即重要人物之意;贫者称徐米略尔(humiliores),其义为小民。元老阶级与骑士阶级,惟前者有参与之权。凡以前一般公民所同享之特权,如不受鞭笞、十字架、活焚或投诸野兽等刑,只有富者得继续享受,小民则无分焉。帝国建立后,罗马已无政治斗争,高等阶级颇有余暇,彼此所注意者,惟拜谒与还拜,宴会与招待,及文艺之集会而已。小民为杂色群众,在此辈中间,真正罗马人与意大利人实不多觏。小民一部分受雇为禁卫军士或夜巡步兵,一部分则以作工为生。罗马社会中最奇特者为食客(clients)。食客寄生于权贵之门,依主人之姓以为姓。此辈专承主人之颜色,其胁肩谄笑之情,莫可名状,故人诮其"犹群蜂之于肉馒"。权门所养之食客,多寡不等,最少数十人,多者数百,乃至数千。此种新式之流氓,在帝国时尤为发达。社会最下层为奴隶,主人对于彼等有各种权利,一如往昔。在尼罗(Nero,五四—六八)时代,仍通行旧日习惯,即主人在其家中被杀,其家所有之奴隶均须处死刑。奴隶除聪明俊秀者蒙主人优待外,通常服役者大抵皆境遇痛苦。嗣因法令与耶教之保护,奴隶遂渐同化于侨民(Colons),

此即中古农奴之祖先。

帝国前两世纪有多数城市兴起，城中工商业极发达，至第三世纪，城市皆围以墙壁，此时只求可以保护，并不思及美观。城市已无人民大会，城市之真正领袖为皇帝任命之市政长官（curatours）。每一城市仍有一元老院（curie）。但元老之主要职务为征收本城之税课，如不能征足规定之额，则须负责补偿，因此元老对于征税极其严峻。故人谓"若干元老即若干魔王"。同时元老对于本地公民须常开游艺会或散放食品，结果凡为元老者大率破产。久之，竟无一人愿充元老。在皇帝方面，极愿各城皆有税课负责人，遂命令禁止各城贵族拒充元老，既而又规定其职为世袭。至四世纪末，大部分元老皆陷于困境，即裕如之公民阶级亦渐就衰落。工人生活尤为悲观。大多数工人皆作工于国有矿场中或国有工厂中——因国家保有若干制造权，如货币、军械、贵重服料、精美金银器等。此辈工人甚久即已编入行会（corporation）而不能脱离；皆被红铁烙印，并无与另一行会之妇女结婚之权；职业为世袭制，某种职业工人之子必须承袭其父之职业。三世纪初，其他职业经国家认为重要，亦规定编为行会，如运谷麦之舟子、面包工人、牧羊者与屠户。此类职业亦定为世袭：三六四年，一面包工人之子不愿继续其父之职业，国家竟颁布命令剥夺其财产承继权。帝国末季之民众，无论城市或乡间，无论元老或工人，几乎皆为世袭，此亦帝国之奇异现象也。

三世纪中,灾祸丛生,可怕之疫疠竟漫延于全部帝国,并继续至十五年之久,据云病死之人不下数百万。此时罗马人民比之安多尼时代,约已减少一半之数。在他一方面,国家为给养大批军队及大批职官需要大批金钱,因而税课极繁重。无论贫富地主,皆须缴纳地产税。商人与工业家则须缴纳金银税(chrysargyre)。元老与一般公民同,亦须缴纳若干补助税。农民并须承应一切征发及一切劳役,如供应军队或职官路过时之居所,及建筑与修补道路等。但税课每不确定,皇帝常因赏赐军队或招纳联盟军时,又往往命令重征。并且富室常贿赂财务人员而获免征或减低款额,因此大部分税课咸累及于平民之肩上。至于追收税课时所施之手段,如监禁、鞭笞及非刑等尤为惨痛,徒见贫民哭诉,孤儿落泪,寡妇呻吟而已。

税课繁重,农工商皆大困厄。以前耕耘最适宜之田土,今则因人民逃散或被异族屠杀而转成硗瘠之地。矿场荒废,工业除制造供应必需者外已无产品。道路半毁,且有劫盗,商业因之无形停滞。当戴克利先时,生活价格比之以前已增高八倍。虽宣布《最大限法》(Maximum),仍无实效。衰颓之征兆,满眼皆然。凡足以造成以前之光荣者——和平、兴盛、安宁、文化之光耀,皆已消失或正走向消失之途。是中古时代一般之状况,在罗马帝国时已见端倪矣。

第一编 新兴民族之欧洲

第一章　新兴民族侵入罗马帝国

第一节　新兴民族移转

纪元九二年，匈奴（Huns）越乌拉山及窝瓦河而与阿兰人（Alans）相遇；当时人数甚少，仅抵顿河（Don）即止。三五五年，匈奴大举入欧洲，东欧与南欧之日耳曼族遂不顾罗马之边防猝然侵入。匈奴入欧洲之事迹，知之甚少，惟知首受其祸者为阿兰人，其次为东哥德人（East Goths）。东哥德人亦曾拟阻止匈奴，尽力抵御，然此不过延缓匈奴之前进而已。西哥德人（West Goths）因东哥德人退走而遭打击，于是多恼河以北之空气顿形紧张。三七六年春，西哥德人约三四万众越多恼河，请求入居罗马帝国境内；不久，又有大批西哥德人径陷麦西亚（Moesia，即保加利亚东部），并攻击罗马军（三七六年末）。三七八年，西哥德人与罗马官吏冲突，大战于亚德里亚那堡（Adrianople），罗马军败绩，皇帝瓦郎斯（Valens）亦阵亡。不久，西哥德人随其酋长亚拉克（Alaric）进犯色雷斯

(Thrace),并直抵君士坦丁堡城下;三九五年以后,长驱而南,希腊半岛,悉被蹂躏。四〇一年,亚拉克西向逼米兰(Milan),不料为西罗马大将施提里柯(Stilicho)所败。四〇八年秋,围罗马城,重课居民而去;四一〇年,陷罗马城,大肆劫掠。不久亚拉克死,西哥德人遂散入高卢(Gaul)。

当西哥德人入居麦西亚时,东哥德人亦进驻班罗尼亚(Pannonia,匈牙利西南部)。四〇五年末,东哥德首领哈达格斯(Radagaise)率众侵入意大利之佛罗伦斯(Florence),为施提里柯所败,不得已降,哈达格斯被杀(四〇六年八月)。但东哥德族之大部分仍处于匈奴势力之下,直至亚铁拉(Attila)死后(四五三)始获解放。

万达人(Vandals)原住阿得河(Oder)东。四世纪末,因避亚拉克之锋,偕其邻族苏维人(Sueves),随其酋长哥第基色(Godigisel)起而移转以谋新居,阿兰人亦来追随其后。四〇六年,此辈联合而进,径陷高卢之东北。适不列颠(英吉利)之罗马军拥戴僭主君士坦丁(Constantine)称帝入高卢;君士坦丁旋追逐万达、苏维、阿兰等族直抵高卢南部(四〇七—四〇八)。四〇九年秋,此辈自视实力不足,乃越比里牛斯山而入西班牙。

佛兰克人(Francs)约于三五五年时进据刚卑伦(Campine,比利时北部),五世纪初,越些耳德河(Scheldt)散居于干特(Ghent)之北部。四三〇年,随其首领克洛第雍（Clodion）前进直达索美（Somme）。

不艮地（Burgundy）人在君士坦丁入高卢时，即已据有休牧（Worms）及马茵斯（Mayence）。四三〇年，滞于莱因右岸之殿军，因匈奴之攻击亦逃来西岸，旋进驻萨瓦（Savoy）。

在不列颠方面，自罗马联队渐次放弃该岛时（四百年至四百三四十年），萨克逊（Saxons）及其邻族盎格鲁（Angles）与久提（Jutes），遂大泄其久蕴莫达之野心，长驱侵入该岛。四四一年，陷岛之中部，不列颠人或被击退，或被歼灭，其中一部分则渡海逃于高卢。

第二节　新兴民族建国

匈奴自一世纪起即前进不停。五世纪初，匈奴已有欧洲之半（计自高加索直达易白河[Elbe]）。匈奴不自满足，又南向威胁色雷斯及波斯与罗马之边境。忆三九五年时，匈奴曾横行于亚美尼亚（Armenia）及叙利亚一带，直抵安地油失（Antioch）海岸。但当时之匈奴尚缺联络，至五世纪上半期始加以组织，且收容征服之日耳曼分子。既而其首领亦迎受罗马文化，并追随哥德、万达、佛兰克及不艮地等族之足迹，奔取罗马世界之最后残余。

匈奴王虎阿（Rona）死于四三三年或四三四年，匈奴帝国之政权遂落于两侄之手，即伯勒达（Bléda）与亚铁垃（Attila）。四四六年，伯勒达遭人暗杀，亚铁拉乃起而统一政权。四四七年,亚铁拉陷麦西亚、色雷斯、马其顿,直抵温泉峡(Thermopyles)。时哥德与佛兰克等族正向高卢进展,亚铁拉遂发生干涉西部之野心。彼要求西罗马皇帝瓦郎底年第三(Valentinien Ⅲ)之妹阿罗丽亚(Honoria)为妻,并宣言有占领西部各省一半之权。四五一年,大肆蹂躏高卢东北,直达罗亚尔河(Loire),乃西罗马名将安堤阿(Aétius)联合西哥德等族御之于特罗业(Troyes)而大败之。亚铁拉旋南向入米兰(Milan),哈维伦(Ravenna)政府不得已遣使与之议和(四五二)。四五三年,又拟进攻君士坦丁堡政府,乃亚铁拉暴卒。匈奴帝国之政权旋为诸子所瓜分,而被征服之日耳曼分子亦群起叛变,此后匈奴之统治范围即缩至多恼河下游及黑海荒原,然匈奴之历史究未完也。

描写匈奴前期之状况者,全赖四世纪之拉丁历史家亚眠·马耳斯林(Ammien Marcellin)。半世纪后,匈奴生活渐软化,此就皮商丁著作家蒲里哥斯(Priscos)之记载可以知之。蒲里哥斯曾于四四八年伴随东帝之大使赴亚铁拉宫庭,据云宫中陈设极富丽,几完全罗马化,惟亚铁拉自身却极俭约。亚铁拉又在多恼河畔创设定期市集以为东西交易之所,且常与君士坦丁堡及哈维伦之政府互通消息。自亚铁拉死后,匈奴胜利之机虽然中断,匈奴自身虽无持久之结果,然匈奴之行动确已引起欧洲之大震动,甚久始获恢复,并且在他方面确促进其他民族完成其事业。

西哥德人入高卢后，旋进攻西班牙之万达人与苏维人。厥后西哥德人一面与万达人战，一面与罗马政府言和，由罗马皇帝赐以高卢南部之地，是即后日之西哥德王国之基础也。其王欧里克（Euric，四六六—四八四）日事拓殖，西班牙半岛之地，除小部分为苏维人所据外，余均隶于其治下。其版图计南届直布罗陀（Gibraltar）海峡，北达罗亚尔（Loire）河，西临大西洋，东抵阿尔魄斯山（Alps）。

万达人因西哥德人侵入西班牙苦斗之后（四一七—四一八），旋追随其王成吉里克（Genseric）渡过非洲（四二九）。十年后，竟陆续占领亚尔吉耳（Algeria）、突尼斯（Tunis）及的黎波里（Tripoli）一带地方（四三九）。

在罗马方面，自三九五年后，新兴民族在西罗马境内即往来自由。不久，新兴民族军官渐有随意废立皇帝之事。四七六年，日耳曼领袖军官俄陶开（Odoacer）竟逐皇帝渥穆鲁·奥古斯都尔（Romulus Augustulus），另建俄陶开王国。

东哥德人自脱离匈奴势力之后，即安居于多恼河（Danube）右岸之班诺尼亚。四七〇年，又进据麦西亚。不久，随其首领体何德黎（Theodoric）流寇马其顿、色雷斯一带；四八七年，君士坦丁堡且受威胁。东帝载农（Zenon）为避免危险，乃效亚加都（Arcadius）之故智，劝其西向意大利以代俄陶开。四八九年,体何德黎侵入意大利,与俄陶开连战数年,俄陶开卒被困于哈维那(Ravenna),至四九三年,俄陶开力竭而降,不数日仍为体何德黎所手刃而死。体何德黎在位凡三十三年(四九三—五二六)。

上述之新兴民族无一能建立永久之国家,有之,自佛兰克人(Frank)始。佛兰克人在索美地带定居以后,颇能帮助罗马军以御其他民族。四六三年及四六九年,其王喜得里克(Childeric)犹助罗马军攻西哥德。四七六年以后,喜得里克之承继人克洛维司第一(Clovis)渐次向南推进,约费二十年之力(四八六—五〇六),其辖地竟达于罗亚尔河。在莱因方面,彼曾于五世纪末(四九六)击败住于亚尔萨斯(Alsace)与洛林(Lorraine)一带地方之亚拉曼族(Alamans)。五〇〇年,彼又战胜不艮地族而抑之为附庸。五〇八年,彼进攻西哥德族而败之于波亚叠(Poitiers),从此佛兰克族之势力竟由罗亚尔河地带而达于比利牛斯山(Pyrénées)。迨克洛维司死时,高卢除罗尼河(Rhône)地带外,已全为佛兰克族所占有。此后百余年间萧墙之祸,无日无之,然因当时四邻尚无强国,故佛兰克族颇能维持其族系于不坠。

在大陆以外之不列颠岛上,自萨克逊等族侵入以后,其进攻情形已不可考;惟至六世纪中叶,萨克逊等族实不能越过自特威得河(Tweed)至萨里斯堡(Salisbury)一线以外。此线之东，诸族曾建设若干小亲王国。但此种亲王国变动甚大，最后约有十余王国，此即历史家普通所称之七王国(Heptarchy)。

第三节　新兴民族入居帝国内之性质

当多恼河以北空气紧张之时，第一批西哥德约三四万众越多恼而南，请求皇帝瓦郎斯允以联盟军(Fédérés)名义入居帝国(三七六年春)。三八二年，麦西亚之西哥德曾与罗马政府立一合约，西哥德仍用联盟军名义定居该地。三九九年，西哥德又获得东帝亚加都(Arcadius)之正式允许，仍以联盟军名义定居壹黎里省(Provinces illyriennes)，其领袖亚拉克且称将军(Magister Militum per Illyricum)。当东哥德入班诺尼亚时，罗马皇帝体何德西(Theodosius)亦曾正式允其以联盟军名义定居该地(三八〇)。五世纪初，万达人先向多恼河方面求出路，西罗马大将施提里柯(Stilicho)亦允其为联盟军而以罗里克(Norique)及勒西(Rétie)两省北部之地予之。四〇九年，万达人等入西班牙；四一一年，与罗马官吏议和，仍称联盟军。迨万达人入非洲，帝国复与之订立新约，承认其既成事实(四四二)。佛兰克人占据刚卑伦后，帝国亦于三五八年与之订约，承认其为联盟军。四〇八年初，不艮地人定居休牧(Worms)及马茵斯(Mayence)一带，亦曾获得帝国之允许；其后进驻萨瓦，亦由于西罗马大将安提阿

(Aétius)之指定。至于俄陶开,则于即位之后,即将帝国之徽帜送交东罗马皇帝,请允其代为统治意大利。东哥德领袖体何德黎于四八三年已获得将军之衔,东帝载农复赐以御前顾问(Patricius)之名义,并令其恢复意大利于俄陶开之手。是俄陶开虽请求代治意大利,但从未获得皇帝之承认;至于体何德黎之入意大利,则负有皇帝之正式使命。并且君士坦丁堡所公布之法律,仍适用于意大利;帝国货币,仍合法通行;纯血罗马人,仍得担任重要公职。

新兴民族在帝国境内,初称侨民(Létes),帝国则赐以土地令其垦殖。此种侨民既为军人,又为耕夫,实不啻帝国沿边之一种屯殖军。侨民享受一种实际之半独立,盖彼辈仍保存其固有之法律与习惯也。联盟军之条件,仍胎袭于侨民之条件,不过其领袖直接向罗马皇帝负责,而对于其部众别称国王。联盟军在帝国境内往来移动,人民已见惯不惊。三九八年二月六日,亚加都与霍洛留(Honorius)两帝曾合颁命令,规定居民对于联盟军经过时,应让出住地三分之一以居之。由此观之,则各民族在帝国境内往来移动,只为一种携带家眷而行之联盟军,不过不知彼辈何日始行停止其移动耳。总之,新兴民族定居之地既实施联盟军制,则罗马帝国之权力至少在理论上实未消失也。

第四节　新兴民族之社会一瞥

六世纪初,罗马在欧洲西部各地之统治,已无存在痕迹。而各新兴民族既步步前进,遂使罗马领土由破碎混乱渐渐集合成为若干同质而新式之国家。日耳曼族挟其青年之血,有生命之习惯,及不同之观念以俱来,于是深受罗马法律及文化所陶冶之西方社会遂为之焕然一新。日耳曼人在顺利进展中时,彼辈已不自外于罗马思想;即西方帝国完全覆灭后,彼辈仍继续借用罗马文化,如国家组织、立法等,虽与帝制时不甚相同,而痕迹之深直存在至中世纪之末。所有新兴民族国家之组织,大略皆相同,皆表出一种混合罗马制度及日耳曼精神之形式,皆为君主国家。昔日之酋长皆一变而为国家元首,且为绝对专制,后竟改为世袭。不艮地与佛兰克,王族皆视国家为家产,父死则诸子均分之。各新兴民族之首领初仅统率其本族人民,自罗马人视之,此种首领仅为各族之将军,仅为联盟军之领袖;自西方罗马政府倾覆后,各地只有此种新兴民族之领袖为合法权力之代表,于是罗马人自亦不能不隶属于其统治之下。各新兴民族国家之行政组织,多取资于驻地,故在新建各王国中可以看出皆带着甚深之罗马的地方性质。在万达王国中,所有各省之旧日分划及旧日之财政组织,一仍其旧。在不艮地王国中,罗马痕迹尤为显著:所有契约,尚用康素(Consul)年号;至于行政邮传，则完全与罗马人一致。佛兰克王国之政治制度，更与罗马接近，而所有证据，亦比较完善而可靠。法国历史家飞斯德尔（Fustel de Coulanges，一八三〇——一八八九）谓"谋洛维基政府四分之三以上皆继续帝国付与高卢之政治组织"。屏去程度上之差别不谈，诸新兴政府之各方面，实无异罗马帝国政府之一种承续。

在社会方面，各日耳曼王国在六世纪初尚未臻于正式之平衡，罗马人与日耳曼人尚未混合。西哥德人禁止混合结婚。不艮地人对于不艮地人与罗马人之受裁判者，此点与其他日耳曼国家相同，皆适用两种不同之法律；如案情牵涉两种人时，则适用不艮地之法律；不艮地并禁止不艮地人为罗马人之律师。佛兰克人对于其本族与罗马人亦不平等。此种二元司法制（Dualilé de régime juridique）之用意，盖因各民族初入罗马地方，无异大洋中之岛屿，因此适用本族法律而生活，而令当地居民依其习惯之罗马法而生活。同时各民族之普通观念，以为各族应遵循其祖宗所订之法律，始为合理。如西哥德与不艮地为克洛维司及其承继人征服后，仍各要求适用其本族法律；即在佛兰克族中，萨连族（Saliens）与里比厄尔族（Ripuaires）亦各要求适用其本族之法律。此种属人主义之法律（Personnalité des lois），每到执行时，则表现一种奇特之结果。如两人犯同等之罪，竟因此为不艮地人或彼为罗马人而惩罚各殊。如罗马人犯强奸少女罪应处死,而不良地人犯此罪则仅罚款而已。又如不良地人强拘其同族,只须罚款二十四苏(Sous);如罗马人则不外流放、监禁或苦工。如罗马人无端砍伐其邻人之果树,甚至可判为流放之罪,而不良地人则每砍一株纳款一苏而已。佛兰克人与罗马人亦不同。如罗马人犯杀人,盗窃奴隶或牲畜等罪,须处死刑;如为佛兰克人,则仅罚金及赔偿损失。在某种情形下,此种款项尚不能超过三十苏。在他一方面,如自由妇人与奴隶苟合,罗马妇人则比佛兰克妇人受罚较轻:罗马法处此自由妇人为妾,而萨连法则夷之为奴隶,并且如该妇与其家中奴隶苟合,甚至被摈于法律之外。

各人自为裁判之观念,在各族社会中亦甚流行。西哥德法已较为罗马化,然仍不能超出此种观念。如丈夫对于奸夫奸妇,无论何人,可以自由处置。丈夫与他人之妇发生关系,其妻对于关系妇人得自由处置。如劫掠幼童,幼童之父母弟兄得处理犯罪者;如幼童无父母弟兄,其近亲亦有杀之或售之之权;如亲族愿收受损失赔偿,其数为三百苏。按照不良地法,如强奸少女,犯罪者不纳赔偿金时,少女之父母得自由惩罚之。在实际方面,时人每喜直接采取激烈之手段。蛮族社会中之立法者,为避免困难,尝预先订出一种赔偿价格表,以作实施之标准。西哥德人对于自由人之价格表,纯以年龄、性别为标准,其规定如次:

赔偿金额	性别	年龄
三〇〇苏	杀一男人	二〇至五〇
二〇〇苏	杀一男人	五〇至六五
一〇〇苏	杀一男人	六五以上
一五〇苏	杀一男人	一五至二〇
一四〇苏	杀一男孩	一四
一三〇苏	杀一男孩	一三
一二〇苏	杀一男孩	一二
一一〇苏	杀一男孩	一一
一〇〇苏	杀一男孩	一〇
九〇苏	杀一男孩	七至九
八〇苏	杀一男孩	四至六
七〇苏	杀一男孩	二至三
六〇苏	杀一男孩	一
二五〇苏	杀一妇人	十五至四〇
二〇〇苏	杀一妇人	四〇至六〇
一〇〇苏	杀一妇人	六〇以上

妇女年龄在十五岁以下者,赔偿金额为男孩之半数。

萨连法对于杀死佛兰克族之自由男人或自由女人,一律规定为二百苏。但对于伤害等差之规定,则特别详细：

伤害等差	赔偿金额
（一）伤人之头使脑骨露出者	三〇苏
（二）伤人肋骨或腹部及于脏腑者 外加医药费	三〇苏 五苏
（三）击毁人之一手，一足，一眼，或其鼻者 如被击之手未脱落者，则减为	一〇〇苏 六三苏
（四）击毁人之手或足之巨指者 如被击之巨指未脱落者，则减为	五〇苏 三〇苏
（五）击落人之食指者	三五苏
（六）击落其他三指者	五〇苏
（七）击落其他二指者	三五苏
（八）击落其他一指者	三〇苏

其他自轻罪至重罪之规定，皆胪列无遗。此外日耳曼人之家庭观念极其强烈，而结婚制度则甚粗鄙。观日耳曼人结婚之晨间赠品（Morgengabe），可以略见一斑。但日耳曼之立法者，普通极注意保护牲畜、树木与奴隶，足见日耳曼人已渐脱去游牧之习惯进而着眼于田园矣。

第二章　新兴民族扰攘中之一线光明

第一节　罗马教会

"于宗教内开辟一新境,使人类瞥见万象繁驳之世界可以统而为一者,厥无耶教。"[①]但至四世纪末及五世纪初,耶教已非纯粹之个人信仰,而为一种有组织之制度;明白言之,已非宗教,而为教会。当耶稣在时,"其为宗教也,非僧侣式之宗教,无神庙,无祭坛,无礼节,无仪式,其所贡献者则怵惕痛悔之心耳"[②]。其后,一般信徒渐将仅仅基于一种信仰,一种情愫,一种信念之人,加以组织,使其在罗马社会中,混乱祸变中,成为一种统治有力之团体。此种团体曾"用他的制度,他的僧官,他的权力,努力抵御帝国内在的崩溃,抗拒粗野的习俗,并征服了新兴诸

---
① 见商务印书馆汉译英国威尔斯《世界史纲》。
② 同上。

族,而成为罗马世界与新兴世界之间之文化的联系、方法与原理。因此在五世纪中去重视教会的状况,应较甚于重视所谓的宗教状况,以便去探究自当时起为耶教教义所赋予于近代文化的这一点,并探究他究竟输入了些什么因素"①。忆耶稣刚死后,其信徒咸集于圣彼得(Saint Peter)之左右,组成一种物产公有之集团,四出宣道。圣保罗(Saint Paul)周游于小亚细亚及希腊一带,尝将各城市中之信徒组成集团(Communauté),或称教会(Ecclésia)。至二世纪末,最重要之教会为:叙利亚之安地油失(Antioch),希腊之古林多(Corinthe),高卢之里昂(Lyon)与维也内(Vienne),非洲之加太基(Carthage)及埃及之亚历山大利亚(Alexandria)。但耶教之主要中心,仍在罗马与小亚细亚,尤其是罗马。初时教会之组织尚甚简单。每一教会有一领袖,称主教(Bishop),意即监督也。主教之左右设一会议,由牧师(Priest)及助祭(Deacons)等组织之,专司救济穷人之事。自主教至助祭,皆由信徒推选,任期终身。当时所举行之仪节亦甚简单。彼等每周以一日供献上帝以纪念复活:是日早晨则集合念经、唱歌与祈祷;夜间则分食为主教赞美后之酒与面包,所谓圣餐(Eucharist)。

---

① 见介索著《欧洲文化史》(F. Guizot, Histoire de la Civilisation en Europe)。

耶教教徒，中间虽经过长期之虐杀，但皆时作时辍，且不普遍，因此耶教之宣传仍得继续进行。并且，信徒日渐增加，且常征得有力分子于高级社会之内。所谓"织工鞋匠之宗教"，竟能于第三世纪时获得长足之进展。格利略(Galérius)曾于三一一年下宽容耶教徒之令。君士坦丁(Constantin)复于三一三年宣布米兰(Milan)敕令允耶教与罗马国教同等。迨茹利安(Julian，三六一—三六三)死后，格拉底言(Gratian，三七五—三八三)则全受米兰主教圣昂博瓦斯(Saint Ambroise)之支配；至三九二年，体何德西(Theodosius)竟明定耶教为国教。

在教会内部方面，各省中之主教皆认省会之主教为领袖，称之为省会主教，此即以后习称之大主教(Archbishop)。在各省会主教中，罗马主教又常被人视为省会主教之领袖。在东部方面，如亚历山大利亚、安地油失等地之主教，则不称主教而称教长(Patriarch)。自三世纪起，各省中之主教每年必赴省会主教处聚会一次，称省宗教大会。至于全体之耶教大会(Oecumenical)，实始于三二五年，此即君士坦丁所召集之尼西亚(Nicaea)宗教大会是也。此次大会曾宣布所谓《尼西亚教条》(Nicene Creed)，此实使耶教确定其教义之嚆矢。当时教徒中文人蔚起，著作甚丰，影响教会之发展实非浅鲜。言其著者，有：(一)亚达拉苏(Athanasius，二九三—三七三)，为亚历山大利亚之主教，曾在尼西亚大会中逞其词锋,卒战胜阿利阿(Arius)派而确定三位一体(Trinity)之教义。(二)昂博瓦斯(Ambroise,三三八—三九七),为米兰主教,极反对外教人及阿利阿派。彼之著作甚多,即教会中所唱之圣歌,亦多为彼所构成。(三)耶罗门(Jérome,三四七—四二〇),为修道中之著作大家。彼用拉丁文所译之《圣经》(Vulgate),竟成为教会之定本。(四)奥古斯丁(Augustine,三五四—四三〇),为易朋(Hippone)主教,其著作之富,影响之大,尤为教会最倚畀之一人(参看第五编第三章第四节)。

迨罗马末季,新兴民族入侵,政局极其纷扰,不独罗马城中之人民,奉罗马主教为主人,即意大利之居民,亦莫不视罗马主教为共主。至革黎归第一(Gregory the Great,五九〇—六〇四)为罗马主教时,一方宣言唯罗马城中之主教得称教皇(Pope),一方努力扩张教权,于是上古皇帝所居之罗马城,遂一变而为中古教皇所在之罗马城矣(参看第四编第一章第一节)。

由尼西亚大会而来之耶教,本与耶稣之教训有别。但是,如其耶教始终保持其原始状态,仅为一种信仰,一种情愫,一种个人之信念,吾人可以料其在各新兴民族入侵中或者必归消灭。介索(Guizot,一七八七—一八七四)对于此点曾明白言曰:"在四世纪末及五世纪初,确是耶稣教会救护了耶稣教义。"不仅此也,教会知各新兴民族之暴力,并非不可药者,知此为少年之力,欲求使用而表出一种扰攘现象,因势利导,加以纪律,则成活泼新机,结果卒助各族实现其将来事业。

教会对于近代文化之性质与发展,确给予莫大裨益。"第一个很大的利益,这便是一个道德的势力,一个道德的力量,一个惟一基于道德的信念、信仰和情愫的力量,呈现在这个物质力量的洪水里面,这个洪水是当时正在那个社会上面泛滥着的。如当时没有耶稣教会,则全世界或者要陷在纯粹物质的势力里面。当时只有教会施行了一种道德的权力。"

"他还做了另外一件事:他维持了,他散布了一个高于一切人类法律的法律观念,一个规律观念:他宣扬这个为人类幸福的基本信仰,他说在一切人类法律之上另有一个法律。这个法律,依照时间和习惯,有时叫做理性(Raison),有时叫做神律(Droit divin)。但这个法律,无论何时与何地,即是那个名异而实同的法律。"

"最末,教会还做了一桩大事,即精神权力与世俗权力的分离。这个分离,这便是思想自由的源泉:他的原理和做那个最严格而最广泛的自由思想之基础的原理一样。世俗和精神的分离即基于这个观念,即物质的力量没有权力,也没有武力去征服精神,征服信念,征服真理。这个分离即源于建在思想世界和行动世界,内在事物世界和外界事物世界中间的区分点。这个自由思想的原理,欧洲为他斗争了许多,痛苦了许多,他才很迟缓的获得胜利,并且常反乎僧侣的意志,结果这个原理才在世俗和精神的分离名义下面,存放在欧洲文化的摇篮里面。这便是耶稣教会,他因为他的情形的需要,为反对野蛮行动以自卫,才把那个原理输入欧洲而维持起来。"①

第二节　清修主义与传道事业

离开人类自然生活之清修主义(Monasticism),在耶教出现以前即已存在。此种观念流行于佛陀降生前之印度无论矣,即在犹太社会中,亦有所谓以斯尼派(Essenes)。此派相信人类平等,极反对专制,尝集合同志度清静生活于死海(Dead Sea)之侧;至耶稣出世时,此派人数已达四千人。迨三世纪时,埃及与叙利亚之少数耶教徒,即常遁居于幽僻地方,以度其冥想与祈祷之生活,人称之为遁世者(Hermit)或隐修居士(Moine)。至四世纪时,此种修道士人数渐多,而在若干地方,彼辈则聚居于修道院(Monastery 或 Abbey)中而奉行同一之规则,并服从共戴之院长(Abbot)。最早之修道院,或建于埃及尼罗河中一小岛上(约三五〇年顷)。此后清修主义大盛于叙利亚及小亚细亚一带,有名之巴塞尔(Saint Basil,三二九—三七九)因为之撰定通行之规则。

---

① 见介索著《欧洲文化史》(F. Guizot, Histoire de la Civilisation en Europe)。

清修主义流行于欧洲较迟,四世纪末,圣马丁(Saint Martin,三一九—四〇〇?)在未充都尔(Tours)主教以前(三七五),原为隐修居士,彼曾在都尔、波亚叠(Poitiers)、马赛(Marsoille)等地,建设修道院,此殆为欧洲修道院之最早者。六世纪时,西部欧洲一带,修院林立,修道士渐多,遂感有规则之必要。圣本尼狄克特(Saint Benedict,四八〇—五四四)于五二九年特为喀森山(Monte Cassins)修院编订规程,此实西部欧洲一带修院之清规之嚆矢。按照所订规则,凡修道士除实行服从、贫苦及贞洁三种志愿,除祈祷、静坐、诵习与教授外,并须操作手工,如耕种、钞书等。喀森山修院为当时有声名、有势力之中心,而其规则,则其他修院皆仿而行之。圣本尼狄克特所以见重于当时,亦自有故。第一,彼注重勤苦操作;第二,彼反对极端苦行。此种中和而不过度之主张,极合于当时一般人之心理。彼尝调和哥德人与意大利人,尤为彼博得尊崇之最大原因。迨其门徒革黎归第一崛起为教皇,不仅普遍颁行喀森山修院之清规,并常派遣宣道团以化尚未信奉耶教之民,尤致力于盎格鲁、萨克森人。嘉萧多鲁(Cassiodorus,四六八—五六二)先在哥德君主之下服官,嗣退居斯基那司(Squillace),并特建一修道院,仿本尼狄克特过其生活。"彼显然为当时教育衰败,学问及古书丧亡之普遍现象所感动,故自始即指导其同居之弟兄从事于回复此数者之事业,收集古代之遗稿而誊录之。

又造日规，制钟漏，及其他相类之器具。……彼又尝著一历史，叙述哥德诸王之事，尤显著者，彼尝著教科书以灌输文艺，又尝作一文法，皆足以表示其知当时需要之远见。彼之使寺院制度成为强有力之工具，以恢复欧洲之社会秩序，其势力或且还在圣本尼狄克特之上也。"①（参见第二编第三章第三节）

罗马教会势力之日见扩大，多由于修道士之努力传道事业。修道士不仅向日耳曼人宣教，并积极使之服从教皇。关于修道士之传道事业，除高卢外，实始于不列颠岛之日耳曼人。

当不列颠岛为罗马行省时代，已改奉耶教。自昂格鲁、萨克逊族侵入后，耶教只能维持于塞尔提族（Celt）所居之地。有圣巴特里克（Saint Patrick，？—四六九）者，于四三二年入爱尔兰（Ireland）宣传耶教，其势力曾遍于岛之大部。五九五年，教皇革黎归第一派遣罗马修道奥古斯丁（Augustine，？—六〇四），组织修道团赴不列颠岛传道，登岸时（五九七），颇受肯特（Kent）王伊德耳伯耳（Ethelbert）之优待。当奥古斯丁传道于不列颠岛南部之日，正爱尔兰人传道于该岛北部之时。同时，传道事业又自不列颠岛而返诸大陆。在奥古斯丁入不列颠岛之前数年，爱尔兰修教士圣哥伦邦（Saint Columban，五四〇—六

---

① 汉译英国威尔斯《世界史纲》。

一五),曾入高卢建设修道院,并深入日耳曼(Alemanni)以达于君士坦司(Constance)湖畔。不久,彼又南下传道于意大利北部,于六一五年卒于其地。其同志中有名圣嘉尔(Saint Gall,五五一——六四六)者,留居君士坦司湖畔,所建修院在中部欧洲极其著名。七一八年时,教皇遣修道波利伐(Boniface,六八〇——七五五)入德国传道,凡经营四年始返罗马。他日罗马教会之能独霸西部欧洲,彼盖与有力焉。

第三章 罗马光荣之昙花再现

第一节 茹斯底年

茹斯底年(Justinian,五二七—五六五)为拥护罗马观念之一奇人。彼为马其顿一农民之子,为其叔佳斯丁(Justin,五一八—五二七)所抚养,于五二七年继之为东罗马皇帝。彼之知识甚平庸,但工作孜孜不倦,人称之为"从不睡眠之皇帝"。彼之躬亲一切,一方固基于不信任心理,同时亦由于琐屑之病态心情,因此彼之性质极不平衡,极不镇静,有时且缺乏意志。但彼常为其后体何多娜(Theodora)所控制①,其后固一意志坚强、野心勃勃之人也。茹斯底年即如此之人,彼卒能主持帝国运命至四十年之久。

---

① 体何多娜之父为游艺场猛兽看守者,彼本身初仅为一舞女。茹斯底年爱而娶之,竟常受其支配。体何多娜有才智,所有帝国大事,莫不参与;即《民法大全》之编纂,亦有谓彼为主持之一人者。

在茹斯底年即位前后，罗马帝国之情势极其恶劣。在东部方面，最可怕之波斯人常来侵扰。至五二九年，波斯人且联合其附庸亚拉伯人直抵安地油失附近，沿途极尽其虏掠劫杀之残酷手段。迨五三一年，形势尤其危殆：名将白沙留（Belisarius）所统之皮商丁主力军，竟为波斯人大败于加里利科门（Callinicum），叙里亚（Syria）亦几全部陷于敌人之手。在巴尔干方面，情势亦不甚稳定。五世纪末，自东哥德人去后，继之而来者有保加利亚人（Bulgares）与斯拉夫人（Slaves）。此辈亦效法其邻族之举动，长驱流寇马其顿、伊庇鲁斯（Epirus）、德萨里（Thessaly）及塞拉斯（Thrace）一带，君士坦丁堡且为之震动。

茹斯底年自承为凯撒之后继人。但欲恢复罗马尊严于地中海西部，必先解决波斯问题，俾无后顾之忧。五三二年，波斯王霍斯罗（Chosroés）因陷于内争，允与罗马言和；此约对于罗马虽无利益，但东部边境究获保持数年之和平。茹斯底年乘暇西向，卒使帝国海军扬帆于地中海间，至直布罗陀（Gibraltar），东抵黑勒斯奔（Hellespont），俨如晨曦消除昨夜之恶梦。

茹斯底年对于多恼河方面之蛮族，亦常用联甲制乙政策：如对伦巴人主和而对克比德族（Gépides）主战，卒使克比德族归于消灭；如助阿瓦尔人（Avares）以攻保加利亚人，卒击退保加利亚人（五五九）。在其内政方面，则瑕瑜互见。彼曾激起有名之胜利(Nika)之变(五三二)①,苟非体何多娜之刚毅与白沙留之果敢,其帝位几不可保。彼为最严峻之正宗耶教信徒,因于五二九年封闭雅典哲学学校,禁止研究希腊学问,主张崇奉耶教神学,从此知识界入于长夜。彼厉禁崇拜旧日之神祇,所有灿烂之神庙,或则改为耶教礼拜堂,或则门前冷落,无人过问。所建圣苏非亚(Sainte Sophia)礼拜堂(五三二),极其宏壮,此实为希腊文化与耶教文化消长之一种表示。彼尝于幼发拉底(Euphrate)河畔及多恼河畔建立无数之堡垒;又于若干城市中建筑礼拜堂、病院、水道、桥梁等。彼极努力提倡工商业,养蚕法亦于五五〇年项自中国输入欧洲。然彼之能对后人表出其最大光荣之处,厥维《法典》之编纂。彼即位后,即任命法学专家托里本(Tribonian)编纂《法典》,至五三六年而告成。法典内分四部:(一)《法典》(Code),即罗马历代皇帝之法令之汇纂;(二)《古法要录》(Digest or Pandects),即古代法律与民法大家之著作之纂辑;(三)《法典教科》(Institutes),即法律教学初阶;(四)《新法典》(Novels),即茹斯底年为改善与补充罗马

---

① 君士坦丁堡游艺场之竞赛车夫,其衣服分蓝绿二色,拉丁语呼之为蓝党与绿党(Veneti et Prasins)。此等车夫有组织,有党羽,虽表面为游戏竞赛,实为兼有政治性质之团体。五三二年,茹斯底年拥护蓝党,绿党起而叛变,历时约一周(一月十一日—十八日),结果屠杀近三万人。叛党口呼胜利(Nika),故史称之为胜利之变。

立法之现行法令。《法典》总称《民法大全》(Corpus Juris Civilis)，此实以后各代法律之基础：今日欧洲各国除英国外，莫不奉为圭臬。《茹斯底年法典》对于西欧曾发生绝大影响，自十二世纪起，法学家注释之者，拥护之者，及实施之者，实不一其人，因法典真谛在排斥封建习俗，而有利于王权之发展也。

第二节 失地之收复

茹斯底年欲为凯撒之承继人，因此彼自负之责任，一方欲修正其前人之错误，一方则欲恢复帝国古代之疆域。彼为正宗耶教信徒，而西方各新兴国王几皆为阿利阿教派，因此在出征万达人与哥德人之意义中，其间已含有多少之十字军精神。在事实方面，西方确已离开帝国，因其并不供给帝国之金钱与军队也。如现状继续维持，则帝国之法令终无法推行。矧各日耳曼王并无自动逊位之意，欲图实现其计画，决非空言所能济事。

在各新兴民族所建之王国中，此时最弱者为万达王国。成吉里克所创之国家从无力量，万达人数亦不甚多。当其在百年前越地中海时，彼辈及阿兰人合计不过八万人。成吉里克知散此少数人于空旷之北部非洲为不智，乃悉集中于今突尼斯之北部。但拉丁文化渐向彼辈输入，彼辈遂无形趋于软化。迨新领袖格里蒙(Gélimer)当权(五三〇)，罗马派竟突为日耳曼势力所压倒。茹斯底年欲为废王赫得黎(Hilderic)家族报复,誓必进攻万达王国之僭主。但此种企图颇使其左右发生惊异,因忆及前世纪之惨祸也:四六八年,由巴西里居司(Basiliscus)统率之皮商丁大舰队,曾被万达舰队袭击,覆灭于崩角(Bon)。但茹斯底年不顾一切,决计进攻。五三三年六月,五百艘船只之舰队径向非洲进发,计运步骑兵一万五千,此帝国当时所能供给之兵力也。司令为当时有名大将白沙留。当罗马军抵非洲时,万达之舰队与精兵适在萨丁岛(Sardinia)扑击叛乱(五三三年九月)。白沙留与格里蒙遇于突尼斯附近,万达人大败。格里蒙召回萨丁军队,集合非洲残余,增雇摩尔人(Moors),再与罗马军战于提加马龙(Tricamarum),皮商丁马队卒冲胜之(十二月)。数月后,格里蒙及其全家均被俘,万达残余亦被编入新罗马之军中。

在意大利方面,自体何德黎死后(五二六),哥德人与帝国之关系顿见松弛。其孙阿色勒理克(Athalaric)以冲龄践位,由母后阿马拉文达(Amalaswintha)摄政。母后极努力调和帝国与意大利之罗马分子,哥德人颇不以为然。阿色勒理克刚十八岁即死(五三四),母后之表兄狄奥达罕(Théodahad)遂起而侵夺政权。阿马拉文达求援于东帝:茹斯底年因醉于非洲之成功,乃命白沙留率军一万人于五三六年末侵入意大利。白氏入罗马,大受人民之欢迎。但哥德人不比万达人,以后卷土重来之事尚不止一次也。哥德新领袖维提吉(Witigès)被罗马军俘获之后(五四〇),继起之多底拉(Totila)竟能连败罗马军,并再据罗马(五四六年十二月)。五五一年,茹斯底年再命拉塞士(Narsés)经略意大利,卒大败哥德军,多底拉且受重伤(五五二年春)。哥德人再选出忒阿斯(Teias)为首领,以与那塞士抗,乃忒阿斯卒亦战死(五五三)。次年,哥德人复联合佛兰克人与德人流寇意大利,乃为疫疠所乘,北为皮商丁人败于加普亚(Capoue,五五四年秋)。哥德人降者约七千,既编入帝国军后,旋调往东方以御波斯(五五五)。驻于意大利北部之最后哥德防军,计抗拒罗马军直至五六三年。茹斯底年改意大利为罗马省(五五四),由驻于哈维那之总督(Exarque)统治之。政治组织恢复甚速,颇似四七六年以来并未发生何种事变者然。

在西班牙方面,茹斯底年亦似有可以完全合并之于帝国之势。西哥德国王亚拉克第二(Alaric Ⅱ)自为佛兰克人败于波亚叠后(五〇八),其王国之情势极其危殆。五二六年,保护人体何德黎又死,阿马拉克(Amalaric)更无力抵抗佛兰克人。但彼为克洛维斯第一之婿,似亦可以勉强维持其现状。乃彼极虐待其妻,竟迫之脱离耶教正宗而改奉阿利阿教。其妻诉于其兄喜得伯尔(Childebert),喜得伯尔遂进攻其妹婿而胜之;阿马拉克旋被其部下所杀(五三一)。阿马拉克之后人图狄斯(Theudis)起而继位,颇能抵御佛兰克人与皮商丁人,不幸被一疯人杀害（五四八）。五四九年，阿基那（Agila）当权，极虐待正宗耶教徒。一西哥德人阿达拉基德（Athanagild），或为正宗耶教徒，拟夺阿基那之位，私乞援助于茹斯底年。茹斯底年遣里比鲁斯（Liberus）率军前往。里比鲁斯长驱侵入西班牙之地中海沿岸一带地方，既而遇阿基那于塞维里亚（Seville）附近，卒大败之。不久，阿基那被杀，其部众遂转而拥戴阿达拉基德（五五四）。阿达拉基德惧东罗马军，旋移其政治中心于半岛之中部多勒多（Toledo）。五六七年，勒阿维基德（Leovigild）起而承继阿达拉基德，并将即位情形通知东帝佳斯丁第二（Justin Ⅱ），盖此时茹斯底年已逝世两年矣。在事实方面，西班牙除地中海沿岸外，半岛之内部仍不受帝国之统治。

茹斯底年对于高卢，曾未有进攻之企图。但至六世纪中叶，地中海沿岸，除蒲洛温斯（Provence）外，几完全属于帝国范围之内，是地中海俨然罗马之湖沼也。茹斯底年确已大体实现其计画，彼实无愧为奥古斯都（Auguste）、图拉真（Trajon）之承继人，至少亦为戴克利先（Diocletian）、君士坦丁、体何德西之承继人。但此种光荣将见其不免为虚伪，为脆弱，或尚不如其《民法大全》之较能长久影响于后世也。

第三节　茹斯底年之事业何以不能持久

茹斯底年为向西方恢复失地，曾不惜纳款于东方之新兴民族与波斯人，美其名曰补助费，以求和平。但此种和平终不可恃。斯拉夫人常窜入帝国境内大肆屠杀，且侵入亚得里亚那堡（Adrianople）。阿瓦尔人亦于五六二年出现于帝国境内，其凶悍殊不亚于五世纪之匈奴。此外如瘟疫、饥馑与地震，则不断发生。在壹黎里（Illyrie）方面，斯拉夫人竟于茹斯底年死后三十年完全占领其地，壹黎里人则陷于游牧生活之中，或漂流于沿岸。东方之波斯人尤其可怕，波斯王霍斯罗第二（Chosroes）竟陆续占据巴勒斯登（Palestine）、叙里亚（Syria）与小亚细亚一带，直达君士坦丁堡对面之加尔色敦（Chalcedon，六〇八年）。

非洲之万达王国虽于五三三年为白沙留所摧毁，但白氏之继任者一如过去之万达人及万达以前之罗马人，同样无能对付土著之摩尔人。为帝国服务之军队极其贪婪，并表出一种从来所无之不守纪律之行为。自五三五年至五四八年，非洲竟未享受片刻之安宁。总之，帝国在非洲之统治极不坚固，此实为下世纪回教教徒进攻顺利之原因。

西哥德王勒阿维基德初时尚服从东罗马皇帝。既而竟掠取西班牙南部于皮商丁军之手，但西哥德宫庭已渐皮商丁化,哥德语已为土俗拉丁所代替。混合结婚之禁令,已早为勒阿维基德所取消。立法亦统一,法令可通用于哥德、苏维及罗马等族。西班牙之种族混合确比其他各地较为进步;人民享受之安宁,比之高卢、意大利、非洲,确较长久。但西班牙王多无毅力,在七世纪时已感大衰。故至八世纪时,只须一万二千之伯伯尔人(Berber)及一次战争即可使西哥德王国终止其生存(七一一)。

至于意大利与罗马,计在哥德人统治之下尚称兴盛,自茹斯底年收复失地不断战争以来,结果竟陷于困境。盖皮商丁军队皆由新兴民族所组成,比之哥德人尤为野蛮,至少自居民视之亦同样可怕。在战争末期,佛兰克人与德人往来骚扰,俨如豺狼,比之德国经过三十年战争以后尤为恶劣。在体何德黎时代,罗马计有居民数十万人,为当时西部最华美之城市。自经过哥德战争以后,居民计减少十分之九。若干建筑物皆毁于火;所有神庙宫殿亦被摧残;水道被断,其愁苦现象直保存至于今日。在此古拉丁世界中,夜间除教堂之烛与修院之灯外,已无火光。迨五六五年,哥德戍守意大利北部之最后军队刚降于那塞士,茹斯底年刚逝世后,意大利乃又见伦巴人(Lombards)越阿尔魄斯山长驱而来矣。伦巴人在一世纪时即有名,因其凶猛而且善战也。彼辈原住易白河(Elbe)及阿得河(Oder)之间,人数不多。六世纪初,南下侵入班诺尼亚一带。五六八年,随其首领阿尔波音

(Alboin)越阿尔魄斯山进入意大利。五六九年春,陷米兰(Milan)。不数年,意大利除罗马、那不勒(Naples)、哈维那诸城及南部意大利尚为东罗马保有外,余均为伦巴族所占据。伦巴族在意大利北部约分为三十五公领,此辈公爵常彼此互相争持或战争。在帝国方面,似乎机会甚好,只须少许努力即可消灭各伦巴公爵及其小部队,但帝国此时实无此勇气。佳斯丁第二不久即抛弃其前人之世界政策,而帝国所余之实力亦仅足以防御阿瓦尔人与斯拉夫人,抗拒波斯人,既而抗拒伊斯兰(Islam)势力。帝国注其全力于东方,西方在其计画中不过一次要之问题耳。

万达国王系统表

成吉里克(Genseric) 　　　　　　　　四二九—四七七

虎勒里克(Huneric) 　　　　　　　　四七七—四八四

干达孟德(Gundamund) 　　　　　　四八四—四九六

塔西孟德(Thrasimund) 　　　　　　四九六—五二三

赫得黎(Hilderic) 　　　　　　　　　五二三—五三〇

格里蒙(Gelimer) 　　　　　　　　　五三〇—五三四

东哥德国王系统表

体何德黎(Theodoric) 　　　　　　　四九三—五二六

阿色勒里克(Athalaric) 　　　　　　五二六—五三四

阿马拉文达(Amalaswintha)与狄奥达罕(Theodahad)

　　　　　　　　　　　　　　　　　五三四—五三五

狄奥达罕	五三五—五三六
维提吉（Witiges）	五三六—五四〇
爱德巴德（Hdebad）	五四〇—五四一
伊拉里克（Eraric）	五四一
多底拉（Totila）	五四一—五五二
忒阿斯（Teias）	五五二—五五三

西哥德国王系统表

华里亚（Wallia）	四一五—四二〇
体何德黎第一（Theodorice Ⅰ）	四二〇—四五一
度里斯孟德（Thorismund）	四五一—四五三
体何德黎第二（Theodoric Ⅱ）	四五三—四六五
犹里克（Euric）	四六五—四八四
亚拉克第二（Alaric Ⅱ）	四八四—五〇八
阿马拉克（Amalaric）	五〇八—五三一
图狄斯（Theudis）	五三一—五四八
体何德基塞（Theodegisele）	五四八—五四九
阿基那（Agila）	五四九—五五四
阿达拉基德（Athanagilde）	五五四—五六七
李乌巴（Liuba）	五六七—五七二
勒阿维基德（Leovigilde）	五七二—五八五
赫尔麦里基德（Hermenigilde）	五八五—五八六
锐加锐德第一（Recarede Ⅰ）	五八六—六〇一
李乌巴第二（Liuba Ⅱ）	六〇一—六〇三

维德里克(Vitteric)	六〇三—六一〇
干得马尔(Gondemar)	六一〇—六一二
西斯普(Sisebut)	六一二—六二一
锐加锐德第二(Recarede Ⅱ)	六二一
鲜底拉(Suintila)	六二一—六二五
李西麦(Ricimer)	六二五—六三一
立斯南(Sisenand)	六三一—六三六
山底拉(Chintila)	六三六—六四〇
都尔加(Tulga)	六四〇—六四二
山达鲜特(Chindasuinte)	六四二—六五二
锐色鲜特(Recesuinthe)	六五二—六七二
王霸(Wamba)	六七二—六八〇
伊尔维吉(Ervige)	六八〇—六八七
伊基沙(Egiza)	六八七—七〇〇
维底沙(Witiza)	七〇〇—七一〇
若得里克(Roderic)	七一〇—七一一

伦巴国王系统表

阿尔波音(Alboin)	五六一—五七三
克勒夫(Cleph)	五七三—五七五
公爵政府	五七五—五八四
奥达里斯(Autharis)	五八四—五九一
阿基鲁夫(Agilulf)	五九一—六一五
阿达老德(Adaloald)	六一五—六二五

阿约瓦德(Ariovald)	六二五—六三六
若达里斯(Rotharis)	六三六—六五二
若道尔德(Rodoald)	六五二—六五三
阿里伯尔第一(Aribert Ⅰ)	六五三—六六一
干第伯尔(Gondibert)与伯达里提(Pertharite)	六六一—六六二
格里毛德(Grimoald)	六六二—六七一
加里巴德(Garibald)	六七一
伯达里提(复位)	六七一—六八六
居西伯尔(Cunibert)	六八六—七〇〇
路易伯尔(Luitbert)	七〇〇—七〇一
哈然伯尔(Ragimbert)	七〇一
阿里伯尔第二(Aribert Ⅱ)	七〇一—七一二
昂斯旁德(Ansprand)	七一二
路易旁德(Luitprand)	七一二—七四四
喜尔德布兰(Hildebrand)	七四四
哈齐斯(Ratchis)	七四四—七四九
阿斯多夫(Astolf)	七四九—七五六
底地耶(Didier)	七五六—七七四

佛兰克族谋洛维基朝系统表

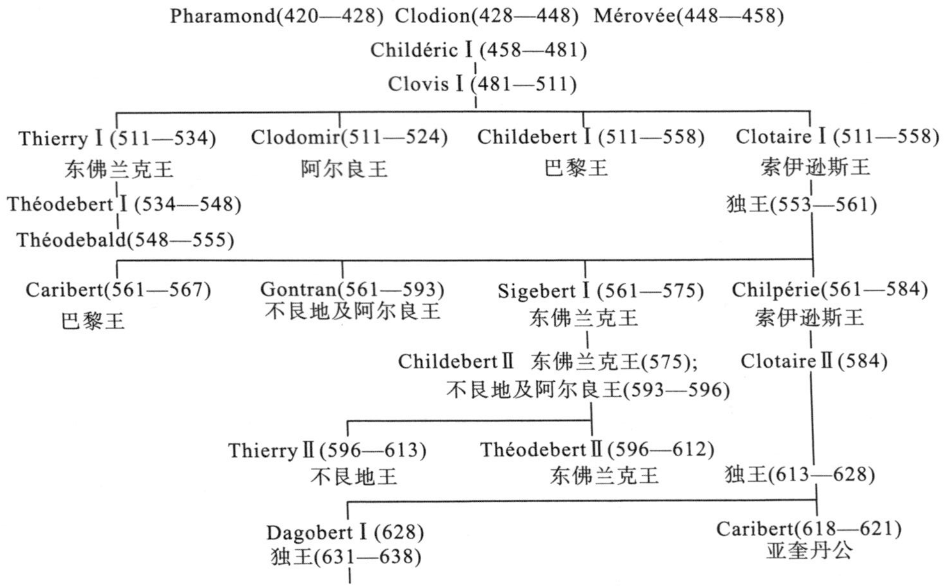

Pharamond(420—428) Clodion(428—448) Mérovée(448—458)
Childéric I (458—481)
Clovis I (481—511)

- Thierry I (511—534) 东佛兰克王
  - Théodebert I (534—548)
    - Théodebald(548—555)
- Clodomir(511—524) 阿尔良王
- Childebert I (511—558) 巴黎王
- Clotaire I (511—558) 索伊迹斯王
  - 独王(553—561)
  - Caribert(561—567) 巴黎王
  - Gontran(561—593) 不良地及阿尔良王
  - Sigebert I (561—575) 东佛兰克王
    - Childebert II 东佛兰克王(575); 不良地及阿尔良王(593—596)
      - Théodebert II (596—612) 东佛兰克王
      - Thierry II (596—613) 不良地王
        - Dagobert I (628) 独王(631—638)
  - Chilpétie(561—584) 索伊迹斯王
    - Clotaire II (584) 独王(613—628)
      - Caribert(618—621) 亚奎丹公

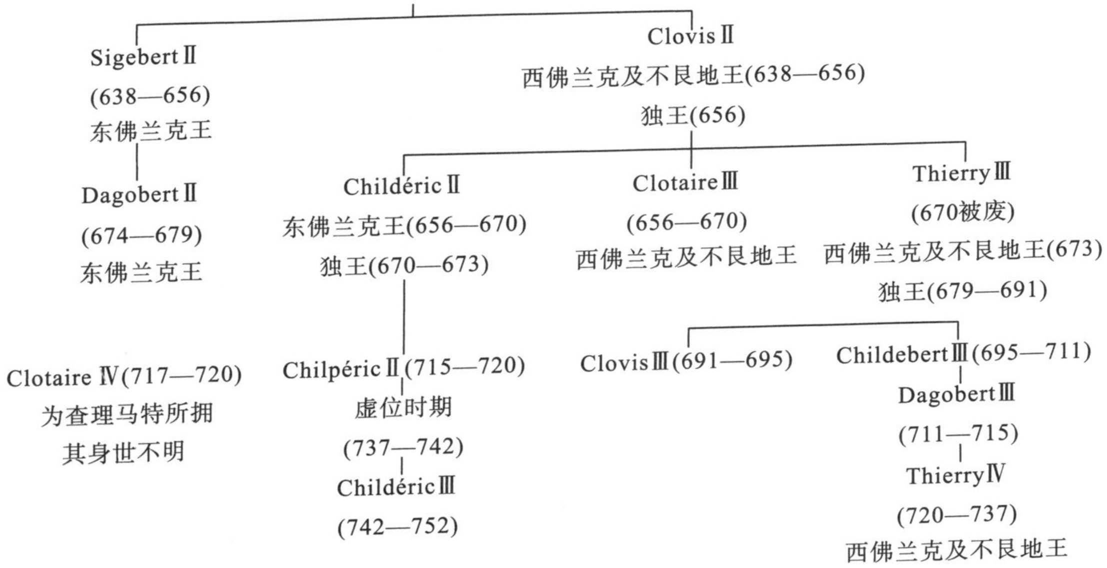

```
                                    Clovis II
                                    西佛兰克及不良地王 (638—656)
                                    独王 (656)
                    ┌───────────────┼───────────────┐
                Childéric II      Clotaire III    Thierry III
                (656—670)         (656—670)       (670被废)
                东佛兰克王          西佛兰克及不良地王  西佛兰克及不良地王 (673)
                独王 (670—673)                     独王 (679—691)
                                                   │
                                        ┌──────────┼──────────┐
                                    Clovis III (691—695)  Childebert III (695—711)
                                                           Dagobert III
                                                           (711—715)
                                                           Thierry IV
                                                           (720—737)
                                                           西佛兰克及不良地王

Sigebert II
(638—656)
东佛兰克王

Dagobert II
(674—679)
东佛兰克王

Chilpéric II (715—720)
虚位时期
(737—742)
Childéric III
(742—752)

Clotaire IV (717—720)
为查理马特所拥
其身世不明
```

第三章　罗马光荣之昙花再现　　·39·

第二编 封建制度之欧洲与回教

第一章　查理曼帝国

第一节　查理曼

当克洛维司死后五十年，佛兰克族之领土计分为三：（一）西佛兰克（Neustria），以巴黎或索伊逊斯（Soissons）为中心；（二）东佛兰克（Austrasia），以蛮次（Meiz）与爱斯拉沙白（Aix-la-Chapelle）为中心；（三）不艮地（Burgundy），以里昂（Lyon）为中心。此外之一部分领土亚奎丹（Aquitaine），则为以上三王国所公有。克洛维司族系称谋洛维基朝（Merovingian），其后有达哥伯尔（Dagobert，六二八—六三八）者，颇称贤明，始再起而统一以上诸地。达哥伯尔死后，佛兰克王多高拱无为，史称之为无事主（Rois Fainéants）。此后政权，完全操诸王宫执政（Major Domus）之手，于是谋洛维基朝遂不能不逊位于加洛林朝（Carolingian）矣。

加洛林族之第一人物为东佛兰克王宫执政兰登丕平（Pépin of Landen）。其孙黑司塔尔丕平（Pépin of

Héristal)曾兼任东西两佛兰克之王宫执政。黑司塔尔丕平之子查理马特(Charles Martel)于七三二年大败回人于波亚叠(Poitiers),此战关于矮丕平(Pépin the Short)将来之事业甚巨。矮丕平于七五二年正式称王,此为加洛林朝成立之肇端。矮丕平死(七六八),其子查理(Charles)继之,史称之为大查理(Carolus Magnus),或查理曼(Charlemagne)。

查理曼(Charlemagne)为日耳曼民族中之伟人,凡曾研究彼之事迹者,莫不承认之。忆彼初时所统治之地,不过其父丕平(Pépin)所遗之法兰克王国而已(七六八)。殆其后东征西伐,所向无敌,竟使所辖之弹丸小地蔚然成为泱泱大国。

查理曼之生活简单而朴质,好劳恶逸,颇以无所事事为苦。彼之面貌和蔼可亲,同时又有君人之态度,比之谋洛维基(Merovingiens)诸王实有霄壤之判也。

七七一年,其弟加洛曼(Carloman)死,彼径夺东法兰克(Austrasia)之地于寡妻幼子之手,使寡妻幼子奔附于伦巴底王之左右,此殆查理曼光荣史中之一污点也欤!

第二节 查理曼之武功

查理曼为中古期中之最大侵略者,计在彼称王称帝之四十六年中,彼出征之数竟不下五十五次。彼能将今日所有之地域,如西班牙、法兰西、比利时、荷兰、德意志、瑞士、奥大利、捷克斯洛法克、匈牙利、南斯拉夫、意大利，或全部，或部分，完全统治于惟一帝国之下，亦不可谓不伟大矣。

在查理曼各战争中，其最重要者为意大利、西班牙与萨克逊之征伐。在意大利方面，本系攻击伦巴底王底地耶(Didier)，结果占有意大利之半。在西班牙方面进攻回人之战争较困难，计出征七次，前后历时约二十年，结果仅据有比利牛斯山南部一带地，组成所谓西班牙边防区(Marche of Spain)而已。至于萨克逊，其地即今之哈诺威(Hanover)与委斯法利亚(Westphalia)，其民族极爱其独立与宗教，查理曼征之尤为困难。萨克逊之民族英雄为卫提金(Witikind)，直到抵抗力尽，始领受浸礼而降服焉(七八五)。

查理曼既占有日耳曼，于是与之为邻者为易白河(Elbe)上之斯拉夫人，与匈牙利平原之阿瓦尔人(Avars)。为防御斯拉夫人，彼即成立各边防区，其最著者为老边防区(Old March)，此即以后之白朗丁堡(Brandeburg)。为防御阿瓦尔人，彼又在多恼河上创设东部边防区(Austrian March)，此即以后奥大利发祥之地。

第三节　查理曼为西欧皇帝

罗马帝国之生命，始终绵延未绝，不过罗马帝国之京都自四七六年起完全移于东方耳。但四七六年死于鄂陶开手中之西方罗马,至八〇〇年复活而为神圣罗马帝国(Holy Roman Empire),此实一极耐研究而有兴趣之事。

西方罗马早已成为僵尸,而此时之宗教领袖与政治领袖咸欲谋得此种僵尸而控制之。七九五年,利奥第三(Leo Ⅲ)任教皇,自始似即有立查理曼为皇帝之意。盖拉特篮(Lateran)宫,久欲与君士坦丁堡分离;而欲反抗君士坦丁堡之权力,似非借助法兰克人不为功。

八〇〇年之圣诞日,查理曼在圣彼得教堂中作祷告时,教皇已准备一切,于帝起立时,即手捧皇冕,加诸帝首,欢呼之为凯撒及奥古斯都。据查理曼之秘书爱因哈德(Einhard)云,新帝实未尝以教皇利奥此举为快心之事。查理曼欲自称皇帝殆无可疑,然彼显不愿由教皇立之。其时君士坦丁堡之统治者为女帝爱里尼(Lrene),查理曼意欲娶之为后,以便自为帝国东西两都之共主。至是既受利奥第三所赠之帝号,彼便不能不与君士坦丁堡分道而驰,而罗马与皮商丁之教会亦遂从此分离矣。

初,皮商丁雅不愿承认查理曼之帝号。八一〇年时,东帝国忽遭大变,皇帝奈塞福剌斯(Nicephorus)为保加利亚人击败而死,巴尔干半岛之大部皆为此辈所据有。皮商丁既遭此不幸,遂失其旧时之地位,不复能与复活之西方帝国相抗衡。八一二年,皮商丁使臣卒承认查理曼为皇帝及奥古斯都焉。

第四节　查理曼之文治

查理曼不仅为一大侵略者，同时亦知组织其所征服之各地。在欧洲经过长期之混乱及蒙昧以后，至此俨然成为文化之复醒时代焉。

在中古时代，中央政府之收入，完全有赖于皇室之私产。因此种私产之出品难于转运，中央政府之人则就食于各地，因此中央政府无一定之所在。查理曼除晚年始常住于爱斯拉沙白（Aix-la-Chapelle）外，平时皆就食于各地别墅（Villas）。查理曼极注意此类别墅之生产品与管理法，因亲为之厘定规则（Capitulaire），此种规则至今尚有存者。

查理曼对于中央行政之组织亦极井井有条：有宫庭教士（Archichapelain）以司宗教及教会事务；有宫伯（Comte of Palace）以司诉讼及民事行政；有参赞（Chancellor）以司帝国之往来文件。除此三种最高职官而外，此外如厨房、地窖、马厩、旅行等琐事，亦各有专司，然皆国中之显要始克担任之也。

帝国分为伯领（Comtés），数约三百。每一伯领，由皇帝任命之伯爵（Comte）治理之。伯爵总理一切事务，俨然罗马之总督。军区多设于边境，由公爵（Duc）治理之，故人又称之为公领（Duchés）。查理曼对于各公伯监督极严，每年必分区派遣巡按使（Missi Dominici）巡行全国。

巡按使一经被任之后，即有处理一切之全权，实不啻皇帝之代表也。

查理曼极注意教育，此实当时之一线曙光。忆自克罗退耳第一(Clotaire Ⅰ)死时(五六一)，至查理曼统治全部法兰克时(七七一)，仅能举出堪称文学者二人：一为都尔之革黎归(Gregory of Tours，死于五九三)，一为佛勒德凯尔(Frédégaire)，死于六六〇)，而后者所书之拉丁文尚非纯粹之拉丁文。当时所称博学之士，惟有僧侣，而大多数僧侣亦仅能看书而不能书写。查理曼鉴于一般人之愚昧，曾令各修道院设立学校，并令各市镇在教堂附近建立义务学校；彼又于宫中设一学校以备穷民子弟与贵族子弟混合读书之所。查理曼此种进行，颇有赖于各地聘来之学者：意大利人如狄亚哥吕司(Paulus Diaconus)，爱尔兰人如克力门(Clément)，英吉利人如阿尔卷(Alcuin)。

此外查理曼尤努力于各地之建设，如开通道路、建造城市等。其最著者，允推萨克逊地方，如不来梅(Breme)、马克德堡(Magdebourg)、汉堡(Hambourg)等，至今尚为德国之巨城也。

第二章 查理曼帝国崩溃后之欧洲

第一节 凡尔登条约

八一四年,查理曼死,继之者为其子慈悲路易(Louis the Pious)。八一七年,慈悲路易模仿罗马皇帝戴克利先(Dioclétian)之先例,将帝国分配于其三子:丕平(Pépin)领亚奎丹(Aquitaine),路易(Louis)领巴威略(Bavaria),长子洛塞(Lothaire)共治帝国。至于意大利,仍继续属于其侄伯讷(Bernard),此尊重查理曼之遗命也。

慈悲路易此种措施,在加洛林朝并非创举,忆八〇六年查理曼亦曾将帝国分给于其三子,唯不久其他二子均先其父逝世,故慈悲路易得独领帝国。再就理论方面而言,查理曼之帝国固仍继续存在也;盖丕平与路易所领之地无非为一种行政上之区域,而丕平与路易之本身亦犹帝国中之第一等职官耳。洛塞虽被指定为皇位之承继人,而在慈悲路易未死以前,洛塞亦不过皇帝练习生而已。

八二三年,慈悲路易又生一第四子曰查理(Charles),

此即以后有名之秃头查理(Charles the Bald)也。慈悲路易拟令诸子各让土地一部分以予此第四子查理,乃诸子竟起而反抗其父,至八三二年,慈悲路易且被废置。但丕平与路易皆不愿承认洛塞之权力,至八三四年,慈悲路易竟获恢复其帝位。不久丕平死,慈悲路易遂将其遗产给予秃头查理。

八四〇年,慈悲路易死,路易与秃头查理遂向洛塞请求重新分配领土,洛塞拒之,路易与秃头查理遂合力败之于疴色勒(Auxerre)附近枫达勒(Fontanet)地方(八一四)。八四三年,洛塞乞和,乃订《凡尔登(Verdun)条约》。

根据《凡尔登条约》,路易占有莱因右岸一带地及左岸之马茵斯(Mayence),称日耳曼王国。秃头查理占有些耳德河(Escaut)、塞纳河(Seine)、罗亚尔河(Loire)及加罗内河(Garonne)各平原,称法兰西王国。洛塞所占之地为意大利及罗尼河(Rhône)、索内河(Saôno)、买士河(Meuse)等各流域之地。洛塞保有帝国之两京都——爱斯拉沙白与罗马,并戴皇帝头衔,然在实际方面固无丝毫权力对于其弟路易与查理也。

第二节　新兴民族四面入侵中之诺尔曼人

完整之查理曼帝国,此时已显然分为三大部分。然此种分裂并非一成不变者,行见在新兴民族入侵之下将更分为无数之小区域。矧此次新兴民族入侵,比较查理曼时代以前之新兴民族入侵尤为不幸,盖足以破坏欧洲之和平而阻遏欧洲之进步也。查理曼帝国瓦解以后二百年间,欧洲极其黑暗,此为其绝大之原因。

帝国东部之入侵者,曰捷克人,曰匈牙利人。至十世纪时,匈牙利人且推进至洛林(Lorraine)及香宾(Champagne),甚至扰及蒲洛温司(Provence)与郎基多克(Languedoc)。南部方面有回教徒之侵扰,意大利及法国南部悉被蹂躏,即罗马城亦不能免。

在各新兴民族寇扰声中,其最强而最烈者,厥维诺尔曼人(Northmen)。诺尔曼人常由英伦海峡及大西洋方面入侵法国,所有法国之河流悉变为彼辈之大道。彼辈即于八四一年在法国开始行动,其第一次即为卢昂(Rouen)之劫掠。法国各地几莫不有彼辈之足迹,彼辈竟于四十年中四次(八四五、八五六、八六一、八八五)进薄巴黎。

九一一年,秃头查理之孙庸愚查理(Charles the Simple)见诺尔曼人盘踞不去,乃与其首领罗隆(Rollon)议定条件,允其占有所据之地,自是诺尔曼人即安居于此,而名其地曰诺曼底(Normandy)。诺尔曼人既改奉耶教,旋即渐忘其固有之语言而同化于法兰西人。惟彼辈之特性仍始终未变,如以后征服英吉利,征服西西里与意大利南部,及在十字军中之重要表现,皆彼辈经营事业精神之特性使之然也。

新兴民族入侵之后,结果不仅诺尔曼人正式定居于法国,同时并证明加洛林朝(Carolingians)诸王之畏葸无能。八四五年,诺尔曼人第一次进犯巴黎时,秃头查理竟纳款于诺尔曼人以为解围之条件,至八八六年,肥硕查理(Charles the Fat)亦出之以同样之行动。此种怯懦行为卒变更社会之组织,引起政治之变化,而最后达到王朝之更易。

第三节　肥硕查理与帝国复合

八五五年,皇帝洛塞卒,遗其所领之地及其尊号于其三子(洛塞第二领莱因左岸一带地,查理领法国东南一带地,路易第二领意大利,并袭皇帝尊号),至八六九年,其子洛塞第二死,秃头查理与日耳曼路易(Louis the German)遂订《墨森(Mersen)条约》,瓜分其侄之领土(八七〇),数年后(八七五),洛塞第一之长子皇帝路易第二卒,教皇遂以皇帝尊号奉之于秃头查理。

日耳曼路易既卒,其子肥硕查理入继东佛兰克王统。八八四年,秃头查理之子若孙,均先后逝世,堪继统者仅一五龄之孙(即以后之庸愚查理)而已。时西佛兰克正苦诺尔曼人之侵扰,一般贵族以秃头查理仅存之孙不克当此艰巨,遂迎肥硕查理兼领其地。查理曼帝国至是分而复合者凡三年(八八四—八八七)。

肥硕查理刚被承认为法王,乃诺尔曼人又来围攻巴黎。时巴黎人抵抗最力,就中尤以犹德(Eudes)其人为最有名。犹德为勇猛罗伯(Robert the Fort)之子;勇猛罗伯以捍卫罗亚尔河及塞纳河间之公领地而得名,卒于八六六年死于战地。犹德此次抵御诺尔曼人,恐力不济,乃突围赴德请援于肥硕查理。迨肥硕查理率军抵巴黎时,不但不向诺尔曼人进攻,反纳款于敌人以为解围之条件,并允其屯驻于不艮地(Burgundy)。

此种辱国行为,大拂德国贵族之意,若辈乃会于特里比尔(Tribur),宣布废置肥硕查理(八八七)。忆《凡尔登条约》后,查理曼帝国仅分裂为三部;自特里比尔大会后,除德、法、意三部外,更增不艮地及蒲洛温斯两王国,此两王国又于十世纪时合并而成亚尔(Arles)王国。

第四节 帝国不能统一之原因

查理曼帝国自八八七年以后,除他日拿破仑(Napoléon)外,实无一人能再起而统一之。盖当日之困难,除新兴民族四面入侵,使欧洲人无暇从事统一事业外,尚有其他之主要原因。

(一)道路艰阻:查理曼帝国东西南北相距约一千六百基罗米达,就当日之恶劣道路与交通工具衡之,其幅员比之今日欧洲应大数倍。控制如许辽阔之领土,倘无查理曼之才智毅力,鲜有能克胜其任者。

(二)民族复杂:查理曼统治下之民族,极其复杂,彼此既非同种,语言因之各异,文化程度不齐,因无共同之关系,此亦难于统一之最大原因。

(三)割据形成:慈悲路易之子孙咸欲独立自主,不愿再有控制之人,此种态度,已早遗下分裂种子。迨新兴民族四面入侵,各地国王因无力顾及各地之防卫,各地大地主遂自行起而从事抵御,久之各地主日渐坐大,据土自尊,于是距离统一之途径愈益遥远矣,此为帝国不能统一之最后原因。

加洛林朝系统表

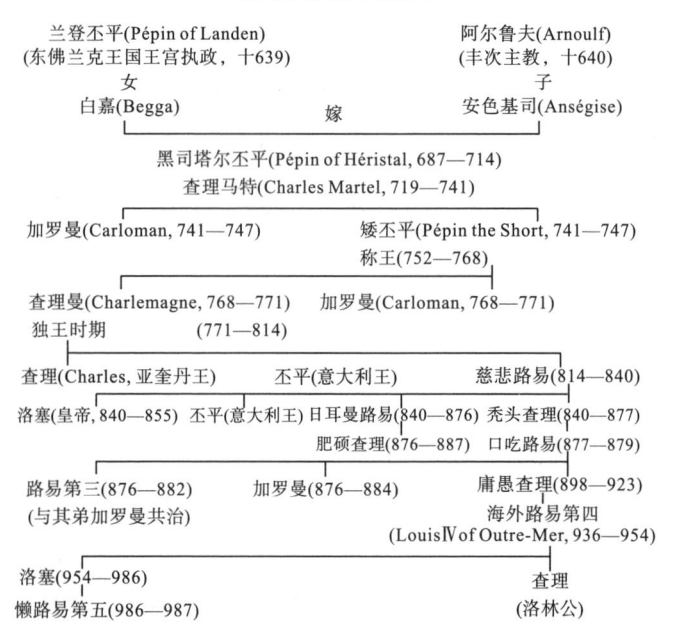

兰登丕平(Pépin of Landen)　　　　　　阿尔鲁夫(Arnoulf)
(东佛兰克王国王宫执政,十639)　　　(丰次主教,十640)
　　　女　　　　　　嫁　　　　　　　子
　　白嘉(Begga)　　　　　　　　　安色基司(Anségise)
　　　　　黑司塔尔丕平(Pépin of Héristal, 687—714)
　　　　　查理马特(Charles Martel, 719—741)
加罗曼(Carloman, 741—747)　　矮丕平(Pépin the Short, 741—747)
　　　　　　　　　　　　　　　　称王(752—768)
查理曼(Charlemagne, 768—771)　加罗曼(Carloman, 768—771)
独王时期　　　　(771—814)
查理(Charles, 亚奎丹王)　丕平(意大利王)　慈悲路易(814—840)
洛塞(皇帝, 840—855)　丕平(意大利王)　日耳曼路易(840—876)　秃头查理(840—877)
　　　　　　　　　　　　　　肥硕查理(876—887)　口吃路易(877—879)
路易第三(876—882)　加罗曼(876—884)　庸愚查理(898—923)
(与其弟加罗曼共治)　　　　　　　　　海外路易第四
　　　　　　　　　　　　　　　　　　(Louis IV of Outre-Mer, 936—954)
洛塞(954—986)　　　　　　　　　　　查理
懒路易第五(986—987)　　　　　　　　(洛林公)

第三章　封建制度

第一节　封建制度溯源

自查理曼恢复西方帝国后以至第一次十字军时,欧洲历史中最显著而重要之事迹,为一种特殊之政治的及社会的情形,此即所谓封建制度。试探此种制度之关系,"每见首领之下有附庸,附庸之下有从者,其发展之形式俨金字塔然"[①]。须知"吾人之用封建制度一语,为便利计耳,若谓其含有系统之意味,即为失当。封建制度,虽在极发达之时期,亦绝无系统之可言"[②]。

盖封建制度之形成,正因各个不服从公共之元首,仅愿服从一自由承认之领袖,所有中央职官,多乘中央权力衰弱,抛弃中央之代表之头衔,而自为独立之领袖,并令人服从自身。此类职官,初则不受调遣,继乃改为世袭,

---

① 见商务印书馆汉译英国威尔斯《世界史纲》。
② 同上。

至于中央之观念,早已置诸脑后而不问。所谓政治之封建制度,正中央权力之破毁,国家思想之消失,"其为物也实一种略具组织之混乱耳"①。

封建制度虽实施"无地无贵族,无贵族无土地"②之口号,封建势力虽与中央之集权相抗,诸侯附庸虽与王室冲突,然宗主(Suzerin)与附庸(Vassal)彼此之间,仍常建立一种关系,特"公众之义务变为私人之责任"③耳。忆当罗马帝国末年,西部欧洲一带之小地主,已多以土地之所有权让诸有力之大地主,求其保护。凡自由人之无产者,每人附于富而有力之地主,彼此各分负其责任与义务。自新兴民族入侵开始,一般小地主又每向寺院求保护。此辈小地主或自由人何以必度生活于此种形式之下,此无他,惟当时混乱情形足以解答之。盖人民因受混乱之痛苦过深,渐久遂不知所谓公共律法,只知认识当地贵族之实力及私意。至于贵族所筑之城堡,初时不过用以防御敌人,乃到最后竟用以抵抗中央。在保护者与被保护者之间,其关系本源于保护之意义,殆行之既久,保护者恣意妄为,于是保护之意义一变而为压迫之手段。

亦有追求封建制度之根源于罗马习俗及日耳曼习俗中者。所谓罗马习俗,即公民兵之誓忠。至于日耳曼习

---

① 见汉译英国威尔斯《世界世纲》。
② 见叶浮梯著《通史概论》(E. Zevort, Notions d'histoire générale)。
③ 见汉译英国威尔斯《世界世纲》。

俗,即首领对属下之赏赐,此可分两期言之:在未入侵以前,首颁常赐属下以马匹及长枪;既征服罗马后,则赐以土地,称用益地(Benoficium),此种用益地初为暂时性质,继乃改为世袭而称封土(Fief)。考封土原文字意源于忠诚(Fides,即属下向主上宣誓忠诚)及服役之地(Feod)两义,是知封建制度之关系,必以封土为基础,而以誓忠为必要条件。总之封建制度之成立,其由有自,其来也渐,应时而生,并无正轨,复杂错综,绝无系统,一言以蔽之,时局愈混乱,愈足以促进此种制度之发展。

第二节 封建制度之发展

谋洛维基朝(Mérovingians)之衰颓,适足以促进贵族阶级(Aristocracy)之发展。此种阶级所包含者为最高职官,如伯爵、主教及富绅等。谋洛维基诸王为确保贵族之忠诚,常赐之以王室之土地,或许以免除(Immunité)之特权,即由此种赐予或免除,于是加速促进社会上之变迁,七世纪时,佛兰克王国中之贵族与主教皆自行集会讨论事务,俨然视为固有之习惯;而在国王方面,如对于重要事务,亦常征求各贵人之意见,是谋洛维基朝之王权已停止其绝对之性质矣。迨查理曼兴,其对于社会上习惯之宗主与附庸,或保护者与被保护者之契约行为,并不加以遏止,或且予以便利,此在查理曼之心目中,殆视此种契约行为为安定社会之一种保障耶!此不可得而知,惟查理曼自身即为一种宗主,彼即常以王室之土地在用益权条件之下给予其左右之自由人。

查理曼死后不久,新兴民族四面侵入,国王自顾不暇,各地大地主遂自行起而组织军队,建筑坚堡(Châteaux forts)。弱小之地主与农民因自力不足以抵御强敌,乃自然前来聚居于坚堡之邻近而请求大地主之保护。不过彼此分担其责任与义务而已。即由此种责任与义务之关系,于是国王对于人民之直接权力遂为之无形消失。最有趣者,秃头查理因无力阻遏此种社会上之变迁,始则允许,继则强迫其人民之尚无宗主者自行选一宗主以依附之。在他一方面,国王既常赐贵族以王室之土地,及许以免除之特权,则此等贵族不但占有国王之土地,不但辖有国王之人民,迨日久坐大,抑且起而代操国王之各种特权,如司法、征兵、课税、铸币等权矣,是国家之整个主权由惟一而化为无数也。但国王仍为国王,仍保持其昔日尊严之一部,其地位仍在诸侯之上。

至十二世纪时,封建制度已成普遍。"此种制度在法国发达最为完全。英法关系特别密切,整个英国社会皆在法国影响之下,开其端倪者为威廉大王(William the Conqueror)及其带来之法国诸侯,以及出于诺曼底与安如(Anjou)之法国血统的王室。因此英国亦分为许多小邦,其王廷政策亦表现一种统一的动向,与法国毫无二致。

"英法之君主政治与封建制度虽相一致,可是日耳曼却有不同。当法国君权衰落之际,日耳曼萨克逊王朝之鄂多诸帝正仿效查理曼建立一种专制之政权。日耳曼诸王既加冕而袭皇帝之尊号,竟压倒国内一切贵族,并进而委任主教。但不久诸侯之势力亦逐渐增大,新兴城市之自由权亦日见扩张。所以十二世纪日耳曼正由离心运动走上封建制度,而英法则已向着统一之程度而前进。

"十一世纪与十二世纪意大利之命运与日耳曼密切相连。原因便在于意大利分为许多部分,日耳曼帝国之野心无时不欲加以吞并。皇帝之志愿有时虽得到成功,却不免引起许多反动。彼辈不断与伦巴底诸自由城寻衅;与罗马教皇互争雄长;又与诺尔曼骑士之所建立,法国封建思想所笼罩,并为法国亲王所统治之西西里王国作战。然而结果却终不能使意大利屈服。

"至于西班牙,因位于欧洲文明与亚拉伯文明交汇之处,遂呈显一种特别之状态。如加斯提儿(Gastile)、纳瓦拉(Navarra)、莱昂(Leon)及阿拉冈(Anrago)诸王国皆奉耶教,由回教人手中夺回伊布林半岛之后,政治组织悉仿法国封建制度。惟南部西班牙犹为异教人所占领,亚拉伯文明便于此渗入西方。

"由此可见封建制度为十二世纪社会政治之最显著的特征,全欧四境无有例外。法国实为此种体系之起点。

整个西方都裂为许多封国,如星罗棋布,成为历史上之奇观。"①

第三节　封建制度下之教会

教会之性质虽属于精神的,然亦无法脱出封建制度之范围。其原因盖由于教会有主教区与修道院,而此等主教区与修道院又各有其所辖之土地俨如封土,而主教与修道院长又兼有宗主与附庸之资格无异贵族。此辈对于其宗主亦不能不行臣服之礼(Homage),及遵守附庸应尽之各种义务。

在一部分城市中,所有公爵或伯爵之职位与主教之职位几混合而为一。譬如法国北部之汉斯(Rheims)大主教,及都尔未(Tournai)、洛瓦雍(Noyon)、拉昂(Laon)、沙龙绥马伦(Châlons-sur-Marne)、郎格(Langres)等地之主教,皆在公爵或伯爵地位之下臣属于法国国王。如此等职位缺出,国王得在其所辖之土地中征收课税,直至新任主教到职时止,但新任主教往往为国王所选拔。

多数主教与修道院长极专心其封建之义务,常见彼辈身披甲胄作战于疆场之上。但彼辈往往卸其军事上或行政上事务管理权于世俗代表者(Vidames)之手,而此辈又常欲使其职务成为世袭,并对彼辈表出不利之形势,而

---

① 见庆泽彭译《中古哲学与文明》。

为彼辈所急欲废止之。

教会与封建制度关联密切,尤以寺院僧侣为最。"十二世纪实僧院之黄金时代。在历史上从未有一种制度与民间接触,能如克伦尼(Cluny)与锡陀(Citeaux)两派僧院的宗教与社会的影响之普遍深入者。这便是本尼狄克特(Saint Benedict)派之两大支干,其分院遍布于法国及欧洲全境。直至彼时,本尼狄克特派的寺院都是各自独立,没有相互间的连络。克伦尼僧院却把这些分散的团体组织起来,而自为之长,所有整个西方耶教诸国此时无不在本尼狄克特派僧院网状组织的势力之下,而克伦尼便是全体的灵魂之所寄,如人身之头脑。

"在这个组合的过程中,克伦尼僧院完全仿学了当时的封建制度,其所表现的也是十足的封建精神,诸如僧侣之须立誓矢忠于寺院,不得主管人之许可不能擅自破坏誓言,与附庸之于君主无异;院长之专制权,主管院之巡视其分寺,支院之供承其母院,以及组合之等级,这些都很清楚的代表封建思想。可是它获得了一种广大的力量,能够战胜当时社会的丑恶,而使流行的观念为耶教所用,从而耶化了封建制度。"[①]

---

① 见庆泽彭译《中古哲学与文明》。

第四节 封建制度之式微

封建社会中所有祸患，私斗实为其主因。盖当战争时，田土常被其蹂躏，收成常被其焚毁，农奴常被其杀害，结果惟有遍地饥馑，到处劫杀，最后即发生疫疠。但社会不能长此生活，药石遂发见于过度痛苦之中，生机即产生于极端混乱之内。

教会所受封建制度之影响与自身卷入封建制度之情形，上节已详言之。但同时教会亦在漩涡中积极反抗暴力，努力于恢复和平之运动，其进行方法，初则颁发和平制度（Institutions of Peace）之命令，继则宣布上帝休战（Truce of God）之约束。所谓和平制度，即教会欲永远禁止男爵向僧侣与农民开衅。十世纪末，不良地及亚奎丹之主教会宣言，凡占入礼拜堂，盗窃农民及其他穷民之财产，如牛、羊、驴者，皆宣布弃绝（Anathème）。彼主教等为使此种宣布发生效力，又特地组织和平同盟（League of peace）及和平民兵（Militia of peace），并向敢于抵抗之贵族之领域中宣布禁令（Interdit）。

除永远禁止向僧侣及弱者开衅外，教会又于十一世纪（一〇二七）增加一种普遍禁令，即禁止每周自礼拜三之夜起至下周礼拜一早晨止不得战斗。至克拉蒙（Clermont）宗教大会时（一〇九五），教皇乌尔班第二（Urban Ⅱ）曾盛大宣布上帝休战之约束，同时彼又能移转封建男爵之好战精神于十字军,是教会努力之和平运动至此可谓大告成功矣。即谓教会未能完全废止私斗之祸患,至少在王权迟缓之生长中已予私斗以一大窒碍。自然最后努力仍须国王,所谓"教会警察仍有待于国王警察"也[1]。

---

[1] 见卢舍著《法国喀白朝帝政制度史》(A. Luchaire, Histoire des Institutions monarchignes de la France sons les premiers Capétiens)。

第四章　回教

第一节　亚拉伯人与穆罕默德

亚拉伯虽为旧大陆之中心,为亚非二洲之孔道,为印度洋与地中海之通衢,虽四周皆为古文明之地,而直至穆罕默德(Mohammed)时,其地仍处于孤立及蒙昧之境。其他除南方之也门(Yemen)外,自古以来,即为游牧民族所居之域。

亚拉伯人自称为亚伯拉罕(Abraham)之后。无论故事如何创造,亚拉伯人或与犹太人为同种,皆为塞姆族(Semites)。亚拉伯人好独立,勇敢而有骑士风,喜冒险,痛恶诈骗与谎言。天资极聪敏,最富于想象力,有希腊人之趣味,易为美妙诗歌所感动。在穆罕默德以前,亚拉伯人已早有一种文学矣。

穆罕默德生于麦加(Mecca),初时尝为牧童,继乃为一富商寡妇卡第查(Kadija)之仆,颇得主妇之眷顾,卒赘之为夫婿。在彼四十岁以前,不过为一平庸之人而已。

"唯彼对于周围事物,确尝加以深思。彼或曾在叙利亚见耶教教堂;彼殆曾与犹太人有所往来而知其宗教,尝闻若辈鄙夷卡巴(Kaaba)中统辖亚拉伯三百族小神之黑石。又从至其乡瞻礼之众中,察知本镇异教之不实而迷信。凡此皆为其心中所萦回不释者。彼或者被犹太人所感化而转信惟一真正之上帝,然彼固茫然不知日后竟能以之创一大宗教也。[①]"

当彼开始谈述上帝之实在时,初仅属一种秘密信仰,信徒甚少。迨彼公开反对卡巴之偶像时,颇激起科赖西族(Koreichites)之愤怒,彼竟不得已偕其信徒逃于麦地那(Medina)。史称此次逃亡曰黑蚩拉节(Hegira),回教即以此节之年为纪元之始(六二二)。

穆罕默德本主张顺命、和善,并尊重他人之信仰者。既逃至麦地那后,乃开始整理伊斯兰教(Islam),并宣传神圣战争以反对麦加之不信奉其教者。一时势力大增,卒于六二九年攻克麦加,并毁弃一切偶像。不久,亚拉伯中部及南部均一致服从新教。迨穆氏死时(六三二),亚拉伯已获得宗教上及政治上之统一,穆氏亦人杰也哉!

第二节 伊斯兰

穆罕默德之生活与教训皆载在《可兰经》(Koran)中。

---

① 见汉译英国威尔斯《世界史纲》。

《可兰经》语初皆散见于纸条上或皮纸上，或刊于平石板上，或书于棕树叶上；直到穆氏死后，其承继人始将此类残篇断简搜集成书。六五一年，鄂斯曼(Osman)又将原文整理一遍，此即今日流行之《可兰经》也。

《可兰经》之理论称伊斯兰(Islam)，其中所包含之要义不外四点：(一)上帝(Allah)惟一；(二)穆罕默德为先知中之最后及最大之一人；(三)神(Djinns)介居于上帝与人类之间；(四)凡人死后另有来生，信教者有福，渎教者受苦。其第一点之确定，盖欲摈斥基督教之三位一体(Trinity)说；其第二点之说法，穆氏俨然自负在宗教中为集大成之一人。

《可兰经》之理论虽甚简单，而其教规则颇严格，其主要者约有五事：(一)祈祷之前须洗濯手足；(二)每日须向麦加祷告五次；(三)斋月(Ramadan)白昼不饮不食；(四)施舍；(五)朝拜麦加。此外并禁止饮酒及食猪肉。但对于奴隶、多妻与离婚等制，则优容之。

无论《可兰经》之理论如何，无论伊斯兰之教规如何，其孜孜注意于人生之慈惠及整洁之日常生活处，实回教中重要美德之一，而且全回教世界之信徒，皆奉之为生活之圭臬，大都皆能遵守之而不渝。与之有相等之重要者，为其始终不渝之一神主义。"回教徒自始即不若耶教徒之为神学上微言妙论所炫惑,丧失耶教之精神而至于分裂。"[1]"且此教不但为一种新信仰而已,又为一种纯洁之先知先觉宗教,与耶稣在世时之耶稣教及佛陀在世时之佛教相同,至于犹保持其本来之面目。是以现在之回教中有名医,有良师,有博学之宣道者,而独无僧人也。"[2]回教富于仁慈、宽宏、亲爱之精神,"且因之而造出一种社会,其中少残暴凌虐之风,为前此所未有焉"[3]。

第三节　回教世界

穆罕默德死后,继之者称哈里发(Calipha)。最初之哈里发四人为阿布伯克(Abu Bekr)、奥玛(Omar)、鄂斯曼(Osman)及阿力(Ali),皆穆氏之直系也,皆驻于麦加。时回教内部极纷扰,然伊斯兰之势力即在此纷扰之中向前迈进。

亚拉伯人本具有劫掠之本能及富于好战之天性,一旦立于神圣战争旗帜之下,故其勇气倍增,成功极易。在他一方面,此时之东罗马与波斯已困于内战而濒于衰颓,同时其国中之亚拉伯人又甚多,此辈已早准备起而响应其同族矣。

神圣战争在穆氏死后不久即开始。在东部方面,亚

---

[1] 见汉译英国威尔斯《世界史纲》。
[2] 同上。
[3] 同上。

拉伯人占有波斯、土耳基斯坦,并进犯印度;在西部与北部两面,彼辈又掠取叙利亚(Syria)、巴勒斯登(Palestine)与埃及。亚拉伯人一往直前,奋进不已,陆续又征服北非之的黎波里(Tripoli)、突尼斯(Tunis)、阿尔及耳(Algeria)及摩洛哥(Morocco)等地。穆氏死后不过五十年,而亚拉伯人已进抵大西洋(六八二)。

同时在回教内部方面,哈里发新朝翁米亚(Ommiads)亦崛起于叙利亚(六六一),创始人曰摩洩(Moawiyah),都大马士革(Damascus)。从此亚拉伯仅为回教帝国之一省,而无政治上之势力矣。

七一一年,回人塔立克(Tarick)渡海犯西班牙。时西哥德(Visigoths)王国已濒颓废,毫无抵抗能力,回人一战胜之,旋征服全部西班牙半岛。回人不自满足,径越比利牛斯山(Pyrenees)攻入法兰克之亚奎丹(Aquitaine),不图竟为法兰克宫相查理马特(Charles Martel)所败(七三一)。自是以后,回人即渐渐退居于西班牙,而回人之大规模征伐亦宣告中止。

八世纪中叶,正法国加洛林朝崛起之时,适亦回教国中发生严重困难之日。七五〇年,穆罕默德一侄孙名阿布拔斯(Aboul-Abbas)者,凭借波斯之阿力党人,起而反抗翁米亚朝,卒推翻大马士革之最后哈里发末换第二(Merwan Ⅱ)。阿拔斯朝以报达(Bagdad)为京都,直延至十三世纪(一二五八)。此朝哈里发如哈伦(Haroun-al-

Raschid)曾与查理曼信使往还；此朝与翁米亚朝同为文化灿烂时期。

回教势力颇受阿拔斯朝之影响，即新朝党人组一拥护阿力为穆罕默德嫡系之士叶派(Shiites)也。此种反动结果，欧洲及非洲之回教省分遂自命为回教正宗而脱离报达之统治。在西班牙方面，翁米亚朝之后阿卜都拉曼(Abd-el-Rhaman)宣布独立，并建设哥尔多巴(Cordova)哈里发(七五六)。八世纪末，一阿力之曾孙伊的里斯(Edris)亦将西班牙对岸之摩洛哥建为独立王国。在突尼斯方面，阿格拉(Tbrahim-Ben-Aglab)亦脱离报达而独立，以开温(Kairwan)为京都，此地为中古文化中心之一(八〇〇)。九〇九年，阿伯伊达拉(Oberdallah)自称为阿力之后，旋以伊的里斯及阿格拉两族之地为根据，创法提马朝(Fatimites)；其后占有埃及，始建开罗(Cairo)，以为京都。

第四节 回教徒之知识生活

回教文明除希腊外，"殆无有出其右者。彼实证之知识为希腊人所创始而中道废然者，亚拉伯人乃用新观点及新精力循序而发展之。人类追求科学之倾向因之复兴。吾人若以希腊人为科学方法研究实际事物之父，则亚拉伯人实为义父。近世之光明与能力，实受亚拉伯人之赐,非由拉丁途径而来"①。

"回教世界中之有大学,早于西方约一百年,而以巴索拉(Basra)、库法(Kufa)、报达、开罗、哥尔多巴诸地为中心,盖由回教礼拜寺附设之宗教学校发展而来者也。诸大学之光明,远射于回教世界以外,东西学子莫不负笈而来。耶教学生之来学者,尤以巴尔多巴大学为最多,亚拉伯哲学即由西班牙而传入巴黎、牛津及北意大利诸大学,西欧一般之思想莫不大受其影响焉。哥尔多巴之亚昧洛厄兹(Averroes,一一六二——一一九八),实为亚拉伯哲学影响欧洲思想之特出人物。"②亚氏又极致力于希腊之科学;"中世纪时亚理士多德之科学所以昌明于欧洲者,皆由亚昧洛厄兹注译之功耳。"③另一伟人为亚微瑟那(Avicenna,九八〇——一〇三七),曾根据洛林(Galien,一三一——二〇〇)之学,著有《医学大全》(Canon),甚久皆为欧洲各大学采为教本。此外又注译亚里士多德之各种名著,不过"注译专家"之名仍须奉与亚昧洛厄兹耳。

数学、天文及物理、化学之发达,皆亚拉伯人之功。十二世纪以前,尚未有人知用零号,易蓬母萨(Muhammed Ibn Musa)始发明之。在几何学方面,亚拉伯人于欧几里德(Euclid,纪元前三世纪)几何之外增益不

---

① 见汉译英国威尔斯《世界史纲》。
② 见汉译英国威尔斯《世界史纲》。
③ 见尤佳章译《西洋科学史》。

多，惟代数则为其所创。彼辈研究天文极有进步，惜其常混于星象学之中。其在物理学方面则发明钟摆；在光学上亦多所致力。其于化学有优美之发端，可惜未能离开炼金术，然发见之新物质已不少矣。至于"在医学方面，彼等之进步，远过希腊人。……外科医生已知用麻醉剂，施行极困难之手术。当欧人尚由教士用宗教仪式以治病而禁止医术时，亚拉伯人已有真正之医学"[①]。此外如制造、编织、染色、制革、农事、园艺，彼等皆优为之。彼等又从中国获得指南针、火药及造纸法，欧洲人又从彼等之手转入欧洲。

亚拉伯历史家亦有数人。马苏第（Masoudi，九世纪末—九五六）著有《金色草原》（The Golden Prairies）一书，系叙述地理知识及穆罕默德以来之事迹。达巴利（Tabari，八三九—九二二）著有一种《亚拉伯编年史》（The Arabian Chronicle），直到九一四年止。易蓬加尔段（Ibn-Khaldoun，一三三二—一四〇六）著作尤多，其最著者为《伯伯尔人史》（The History of Berbers）。

回教徒之建筑美丽无伦。埃及之开罗，突尼斯之开温，摩洛哥之非斯（Fez），至今尚保存无数美丽之中古回教礼拜寺（Mosques）。在西班牙方面，有加拉拿大（Granada）之壮丽红宫（Alhambra），及哥尔多巴之伟大礼

---

① 见英国威尔斯《世界史纲》。

拜寺。回人因信奉可兰，禁绘人形，每逢点缀之处则多用回文或几何线，此亦回教建筑上之特色也。

　　回教文化之昌明，其语言之广播亦为一大原因。盖自西班牙直至土耳基斯坦均能通用，俨如一种世界语。因此一切思想均能迅捷传达而无障碍与延滞也。

第三编 民族国家发端

第一章 法国

第一节 肥硕查理被废以后之法国

在查理曼帝国最后分裂以后（八八七—九八七），加洛林族之子孙尚有数人为法国国王,惟中间常有间断,盖须随时让位于勇猛罗伯(Robert the Fort)之后裔也。

罗伯系
- 1. 犹德(Eudes,887—898)
- 3. 罗伯第一(Robert Ⅰ,923)
  （犹德之弟）
- 4. 哈乌耳(Raoul of Burgundy,923—936)
  （罗伯第一之婿）
- 8. 喀伯(Hugh Capet,987—996)
  （罗伯第一之孙）

加洛林系 {
2. 庸愚查理第三(898—922)
5. 海外路易第四(939—954)
6. 洛塞(954—986)
7. 路易第五(986—987)
}

肥硕查理被废以后，一般贵族遂举犹德以继之。此辈贵族颇以王朝之更易为己利，计左右支配王冠者约百年(八八七—九八七)。犹德之侄大休哥(Hugh the Great)本有径取加洛林之王位而代之之机会，乃仍以支配王冠为较有实利而宁臣事加洛林之亲王。盖加洛林亲王于每次登极之前，必先与之订立条件，此种条件则不外酬以土地或让以城市。忆加洛林最末之王路易第五，尝谓并作枕之石亦无存留，观此足征当时王室领域之日削程度矣。

犹德死后(八九八)，庸愚查理继之。在庸愚查理统御期中，重要事迹可得而言者有二：(一)诺曼底公领之建设(参看第二编第二章第二节第四段)；(二)洛林(Lorraine)之暂时保有。〔时洛林本属于德，庸愚查理乘小孩路易(Louis the Child)之死起而要求该地，卒赖洛林人之助而占有之(九二三)。迨庸愚查理被维尔芒杜(Vermandois)伯赫贝尔(Herbert)囚禁后，该地复为德人所征服。〕

庸愚查理有劲敌曰罗伯(Robert，犹德之弟)。罗伯凭西部贵族之拥戴宣布称王，并与庸愚查理大战于索伊逊斯(Soissons，九二三)，不料罗伯竟死于战地。庸愚查理之劲敌虽去，但本身却为维尔芒杜伯所囚，而此时贵族又已选出罗伯之婿哈乌耳（Raoul,不艮地公）。哈乌耳死后无嗣（九三六），罗伯之子大休哥大可凭其势位起而承替，乃彼竟欲学步昔日宫相之故技，舍名取实，专事幕后之操持，而迎归庸愚查理之子海外路易。

海外路易屡欲脱离此种后见之生活，乃常受制于大休哥，不得已倚德王鄂多第一（Otto Ⅰ）为助，直至其死时（九五四）。海外路易之子洛塞（Lothaire）继立，尚能维持君人之尊严，且能于生前令其子路易领受圣油典礼。九八六年，路易承继其父而即王位，称路易第五，惜逾年即遇险而死（九八七）。

路易第五本有叔曰查理，为洛林公，但一般贵族与高级僧侣皆愿拥戴大休哥之子休哥喀白（Hugh Capet）。休哥喀白即王位于洛瓦雍（Noyon，九八七），从此新朝世袭罔替，计继续统治法国者约九百年。

第二节　新朝诸王之处境

十世纪末，法国国王在宗主名义之下所辖封土（Fiefs）甚多，其主要者，在罗亚尔河（Loire）北部，计有佛兰德（Flandera）伯领、诺曼底（Normandy）公领、不列颠（Brittany）伯领、安如（Anjou）伯领、布腊（Blois）伯领、香宾（Champagne）伯领、不艮地（Burgundy）公领；在罗亚尔河南部，在昔日亚奎丹（Aquitaine）之境地内，则有波亚叠（Poitiers）伯领（当时仍称亚奎丹公领）、加斯哥尼

（Gascony）公领、都鲁斯（Toulouse）伯领、巴尔塞罗纳（Barcelona）伯领。此外尚有若干主教所辖之封土，称主教伯领（Evêchés-comtés），其最著者，如都尔来（Tournai）、波未（Beauvais）、洛瓦雍（Noyon）、拉昂（Laon）、沙龙绥马伦（Châlons-sur-Marne）、郎格（Langres）、汉斯（Rheims）等地是。此辈公伯皆各自视如君主，其对于法王，仅为附庸而非臣属。

在此诸侯林立之国中，法王自身之势力究如何耶？法王亦诸侯之一，不过为其他诸侯所选出以膺国王之名义耳。法王亦有私产，称王室领地（Royal domain）。王室领地东届香宾，西抵布腊，南邻不艮地，北接诺曼底，计自康边尼（Compiégne）达阿尔良（Orléans），俨如一长条之走廊，其幅员仅等于今日法国之两省。即在王室领地中，亦有若干豪族，其行为俨如盗贼，且常阻止国王在其地域中自由通行，故都城以外之地，即有同敌国之境云。

休哥喀白（九八七——九九六）及其承继者三人——罗伯第二、亨利第一、腓力布第一——计君临法国者逾一世纪（九八七——一一○八），但在此长时间中，殊无丝毫重要表观。惟当腓力布第一时（一○六○——一一○八），欧洲曾发生两大重要事件：（一）一○六六年，诺曼底公威廉（William the Conqueror）征服英国；（二）一○九五年，教皇乌尔班第二（Urban II）在克拉蒙（Clermont）宣传十字军。

路易第六（一一○八——一一三七）之一生，极努力于摧毁王室领内之豪族，尤其是对于蒙特勒里（Montlhery）与比塞（Puiset）两地。迨其死时，王室领地已归统一，而国王权力亦已树立相当之基础。路易第七（一一三七——一一八〇）娶亚奎丹女公伊丽娜（Eléonore）为后，因此获得罗亚尔河以南之大部分地带。惜彼不久即与伊丽娜离婚，而伊丽娜又挟其广大地产再醮于法王之附庸金雀花亨利（Henry Plantagenet）。金雀花亨利本已保有安如（Aujon）、迈伦（Maine）、都来伦（Touraine）及诺曼底等地，今复获得其妻之地产，是所辖境地在法国诸侯中位列第一，比之王室领地不啻七八倍矣。且亨利结婚后两年又入承英国王位（一一五四），称亨利第二。自此以后，英法不断战争，约亘一世纪（一一五四——一二四二），史称之为第一次百年之战。

第三节　王室领地之扩张

自腓力布第二（Philip Augustus，一一八〇——一二二三）起，法国统一之事业始有希望。腓力布不断与金雀花朝相斗争，每乘其内讧而从中播弄是非，如使狮心理查（Richard the Lion-hearted）之反抗其父，使无地约翰（John Lackland）之反抗其兄，皆其显而易见者。无地约翰本英国王中之最昏暴者，腓力布又借口其侄亚弎尔（Arthur）之被残杀，及安古列门（Angoulême）伯之妻伊沙伯拉（Isabella）之被强占，遂公布无地约翰之罪而下命籍没英国王在法国之领主（一二〇二）。一二〇三年秋，腓力布陷诺曼底；一二〇五年，陷安如、都来伦、迈伦及波亚都(Poitou)。一二〇八年，无地约翰乞和。六年后，无地约翰组织联军攻法，参加者有佛兰德伯、不艮地公，大多数佛兰德、比利时、洛林之领主，及德皇鄂多第四。两军战于布维伦(Bouvines，一二一四年七月)，联军大败。此次之战发生影响甚大：(一)鄂多从此退休；(二)英人起而反抗无地约翰，强其承认《大宪章》(Magna Carta)；(三)足证法王之实力，并保证和平直至腓力布死时(一二二三)。

英王亨利第三(一二一六——一二七二)于路易第八即法王位时(一二二三——一二二六)即来进攻，结果路易第八夺其奥里斯(Aunis)、圣东日(Saintonge)、里穆森(Limousin)及贝里哥耳(Perigord)等地。以后又攻击路易第九(Saint Louis,一二二六——一二七〇)，亦无结果，最后亨利第三且被迫乞和(一二四二)。

一二五八年，路易第九自十字军归来，拟正式解决英法之领土纠纷，遂与亨利第三签订条约于巴黎：(一)亨利第三永远放弃为腓力布第二所占领之一切地方；(二)路易第九将路易第八所有征服之地交还英国。此次条约为结束第一次英法百年之战，及喀白朝与金雀花朝之敌视之重要文据。至于法国方面，以前王室领地毫无通海孔道，此后则可以自由出入于英伦海峡与大西洋矣。

法王与金雀花朝冲突，遂获得西北之地；而出征南部异端亚尔比教派(Albigense)，竟获占领郎基多克(Languedoc)

而有通地中海之道(一二二六)。此外或因通婚,或因购置,又陆续获得若干土地;腓力布第二因娶伊沙伯拉(Isabella of Hainaut)而获得亚多瓦(Artois)与维尔芒多瓦(Vermandois);路易第九之母白郎希(Blanche of Castile)曾以金钱购来布腊(Blois)伯领;彼又令其次子亚尔峰斯(Alphonse of Poitiers)与约翰(Joan)结婚而获得都鲁斯(Toulouse)伯领;路易第九之孙腓力布第四因与香宾(Champagne)伯之女约翰缔婚,遂使香宾伯领归入王室领地,同时彼又乘机占领里尔(Lille)及里昂(Lyon)。忆当喀白朝初期,王室领地仅等于今日法国之两省,至此已不啻额外增加二十余倍。所有国中之强大附庸,此时可得而数者,仅有佛兰德(Flanders)伯领与不列颠(Brittany)、不艮地(Burgundy)及亚奎丹(Guyenne)三公领而已。

第四节　喀白朝诸王之政绩

喀白朝诸王一方以武力扩张其领土,同时亦知改善政府之行政组织。在他一方面,诸王因领地加广,收入增多,自身健全,威信树立,遂能渐渐行使王权而令全国之人发生信仰。而使王权向前发展者虽始自腓力布第二,然积极完成之者,仍有待于路易第九与腓力布第四(一二八五——一三一四)。

路易第九自与英王签定《巴黎条约》后(参看本编第一章第三节第三段),遂专力于规定行政之组织,注意司法之平准，及保证国内之和平。彼又通令全国，规定王室钱币为全国通行之货币。关于私斗之制止，彼又重申《四旬斋》(Qnarantaine)之禁令。路易第九为法国君主中最英明者，不幸于最后十字军竟因染疫死于突尼斯(Tunis，一二七〇)。

腓力布第四为法国王中之第一专制君主。彼曾任用法学家(Legistes)多人，此辈皆抱有罗马法上之君权观念，故竭力赞助国王伸张王权，扩大势力。法学家中有威廉(Guillaume of Nogaret)其人，此人曾为腓力布第四造出两大事件：（一）侮辱教皇波利伐第八(Boniface Ⅷ)而移教皇之驻地于亚威农(Avignon)；（二）取消神庙骑士团(Templars)而没收其财产(一三〇七)。

关于王室领地之行政，当腓力布第四即位时，即已将近组织就绪，腓力布第四几未加以特殊之变更。但各种机关之具体完成，此实始于腓力布第四时代。

关于王室领地之行政，在喀白朝初期尚甚简单：当时仅有若干事务官，称邑吏(Prévôts)。此种事务官一方管理王室之地产，同时亦担任执行国王之命令，维持当地之秩序，并受理当地之诉讼，在必要时，亦出而指挥当地之防卫事务。迨王室领地扩张后，尤其是在腓力布第二时代，国王因无法直接监督邑吏，乃于邑吏之上另设若干事务主任官，称邑长(Baillis)。邑长之职务则在集中邑吏所收之款，受理上诉案件，及向国王报告行政情形等。当路易第八及路易第九时，南部省份又归入王领，于是又在南部设置若干类似邑吏者称区正（Bailes），若干类似邑长者称区长（Sénéchaux）。路易第九与腓力布第四为监督区长与邑长，乃又在此辈之上创设若干监察官，称督巡（Enquêteurs），此实等于查理曼时代之巡按使（Missi Dominici）。

中央行政，初时仅操于国王会议（Council of King）。所谓国王会议，即由国王之左右侍从领袖组织之，其中之比较重要人物，厥维国王之秘书（Chancellor）。关于王国事务，则由国王法院（Court of King）处理之，国王法院由国中一般大封主，如公、伯、主教等集会组成之。迨喀白朝诸王之势力发展时，一般大封主皆争以侍从国王之左右为荣；如腓力布第二时，为国王之秘书者为汉斯大主教，香宾伯爵亦自愿担任区长。自此以后，列席国王法院者，亦即参与国王会议之人，而此两种会议亦竟混合而不分矣。自王国辖境大肆扩张后，国王法院之事务殷繁，遂不能不由合治而趋于分工。在路易第九时（一二五〇），国王法院之一部分职员，遂专担任司法而组成高等法院（Parliament），腓力布第四又改其流动之性质而确定之于巴黎。腓力布第四对于财政事务，则付托于一特别委员会，称审计院（Chamber of Control）；对于行政与政治事务，及职官之选拔权，则畀予于政务会议（Great Council）。国王法院初时仅为惟一而混合之会议，至此竟分裂而为三种独立之机关。

此外两事则为腓力布第四所创始：（一）国课之征收；（二）扩大会议（Great Assembly）之召集。以前诸王之用费，如军费、政费及其左右侍从之薪资等，皆赖其私囊之收入以为开支。腓力布第四特于全国创立一种间接税（Aides），并常征收军费（Aides of ost），此实法国国课之滥觞。腓力布第四为反抗教皇波利伐第八（Boniface Ⅷ），为取消神庙骑士团（Templars），及用兵于佛兰德（Flanders），曾三次——一三〇二、一三〇八、一三一四——召集扩大会议，即于僧侣、贵族之代表外又召集城市之代表也。此时之扩大会议虽不尽同于以后之全极会议（Estates-General），然追溯全级会议之根源者，多以此时之扩大会议为嚆矢。

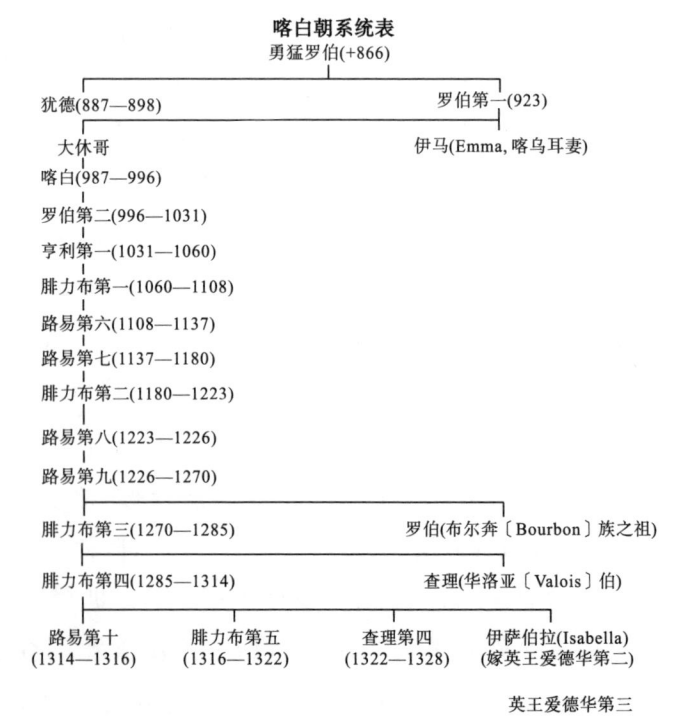

喀白朝系统表

勇猛罗伯(+866)
- 犹德(887—898)
- 罗伯第一(923)
  - 伊马(Emma, 喀乌耳妻)
- 大休哥
- 喀白(987—996)
- 罗伯第二(996—1031)
- 亨利第一(1031—1060)
- 腓力布第一(1060—1108)
- 路易第六(1108—1137)
- 路易第七(1137—1180)
- 腓力布第二(1180—1223)
- 路易第八(1223—1226)
- 路易第九(1226—1270)
- 腓力布第三(1270—1285)
  - 罗伯(布尔奔〔Bourbon〕族之祖)
- 腓力布第四(1285—1314)
  - 查理(华洛亚〔Valois〕伯)
    - 路易第十(1314—1316)
    - 腓力布第五(1316—1322)
    - 查理第四(1322—1328)
    - 伊萨伯拉(Isabella)(嫁英王爱德华第二)
      - 英王爱德华第三

第二章　英国

第一节　诺尔曼人入侵以前之英国

罗马人统治英国,其势力始终未越塞维墙(Vallum Servi,自克来德湾[Firth of Clyde]至福耳司湾[Firth of Forth])一步。至于其同化工作,初时尚有相当效力,而最后则仍归于乌有。"在四百年至四百三四十年中,罗马帝国渐次放弃不列颠而任罗马化之不列颠人自御外侮,放弃之详细步骤则已不可考。在第四世纪之下半期中,萨克逊人之入寇者究有何种成功,我们难以决定,但至第五世纪初年,萨克逊人确已大批来侵,且比前更为胆壮。罗马、不列颠在前世纪下半仅为居西北之塞尔特人所蹂躏,在今后之三四十年中则萨克逊人继起自东南侵扰,且为主要的外侮。"[①]

萨克逊人既蟠据不列颠后,一时王国林立,日久渐为

---

① 见钱端升译《英国史》。

西塞克斯(Wessex)国王伊克伯耳(Egbert)所统一(九世纪)。西塞克斯王室代有明主,亚耳弗来德大王(Alfred the Great,八七一——九〇一)即其中之最著者。时丹人(Danes)势极猖獗,不久即占有泰晤士河(Thames)以北一带之地。亚耳弗来德大王对于丹人,时而与之议和,时而与之战争,然终不能绝其侵扰西塞克斯之野心。八七八年,丹人复来,两军战于伊盛丹泥(Ethandune),亚耳弗来德之军径掠其有名之乌鸦旗(Raven),于是迫其领袖谷斯纶(Guthrum)皈依耶教。自此以后,英国即由亚耳弗来德与谷斯纶分疆而治,东北一带皆奉丹人为主人翁,以南萨克逊人所居之地则仍统治于亚耳弗来德之掌握中。

亚耳弗来德自与丹人议和后,即利用时机改进军事,如征练国民军(Fyrd),组织丹人式之步兵,成立舰队及建筑要塞等。彼又尽力恢复修道院之生活,并努力使盎格鲁萨克逊(Anglo-saxon)语言成为文学用语以承替日就衰减之拉丁语。彼曾将比德(Bede the Venerable,六七五——七三五)之历史自拉丁文译成昂格鲁萨克逊文,彼又翻译波厄斯(Boethius,四七五——五二四)所著《哲学之慰藉》及其他著作为英国文,同时并命人编纂极著名之《盎格鲁萨克逊编年史》。彼更建立公众学校(Public schools),并延揽国外大儒。当时之历史家阿色(Asser),即来自威尔斯(Wales)。关于行政制度,则以邑(Shire)及其官吏为行政枢纽。此外如陪审制(Jury),如牛津(Oxford)大学亦有谓为亚耳弗来德所创建者,此殆慕其英名而故意加以附会也欤!

十一世纪,丹麦王苏郎(Suenon of Sweyn)屡次侵英,英王伊德耳海德第二(Ethelred Ⅱ)不堪其扰,不得已奔法国诺曼底;一〇一三年,苏郎在伦敦宣布称王。其子加纽提大王(Kanut the Great,一〇一五——一〇三六)为英国君主中之贤者,彼对于丹人与英人,毫不歧视,务使彼此立于平等地位。彼极尊重教会,所有教堂仍由盎格鲁萨克逊僧侣管理;此辈僧侣常赖彼之保护远适那威与丹麦而力助耶教剪除异端。彼重用萨克逊人不仅限于教会,即政治与军事亦莫不然,彼将举足轻重之西塞克斯伯领付予高德温(Godwin)即其著例。彼极努力保证安宁,而使英国海岸毫无烽火之惊。终彼之世,英国工商农业极其兴盛。

继加纽提之诸王类皆庸碌,无可称述,因此加纽提之帝国瞬归乌有,在守教之爱德华(Edward the Confessor)统治之下,英国重又恢复为独立之萨克逊王国。爱德华日与法国诺曼底亲密,英国因之渐受法国文化之支配。爱德华死后无嗣,其妻弟哈霍德(Harold)起而承继,而一般萨克逊人亦视之为合法者(一〇六六)。

英国王朝系统表

亚耳弗来德大王(Alfred the Great) 八七一

古爱德华(Edward the Ancien) 九〇一

亚德耳司丹(Athelstan) 九二五

伊特门第一(Edmund Ⅰ) 九四一

伊第德(Edred)　　　　　　　　　　　　九四六

伊德维(Edwy)　　　　　　　　　　　　九五五

伊德加(Edgard)　　　　　　　　　　　九五七

爱德华第二(Edward Ⅱ)　　　　　　　　九七五

伊德耳海第二(Ethelred Ⅱ)　　　　　　九七八

苏郎(Suonon or Sweyn,丹人)　　　　　一〇一三

伊德耳海德第二(复位)　　　　　　　一〇一四——一〇一六

加纽提大王(Kanut the Great,丹人)　　一〇一五——一〇三六

伊特门第二(伊德耳海德之子)　　　　一〇一六——一〇一七

哈霍德第一(Harold Ⅰ,丹人)　　　　　一〇三六

哈耳加纽提(Hard-Kanut,丹人)　　　　一〇三九

守教之爱德华(Edward the Confessor)　一〇四二

哈霍德(Harold)　　　　　　　　　　　一〇六六

第二节　一〇六六年以后之英国

哈霍德刚即英王位,诺曼底公威廉(William the Conqueror)即起而要求承继权。威廉为诺曼底公恶魔罗伯(Robert the Diabolus)之子,为守教之爱德华之表侄。就世系上分析,威廉比之哈霍德确为近亲,但爱德华尚有侄孙爱德加(Edgar the Atheling),若威廉与之相较,爱德加则更亲矣。然当时威廉之所以能博得一般之同情者,亦自有其深中中古人心之理由:(一)威廉声言爱德华曾于某时指定其为承继者;(二)哈霍德于流亡在诺曼底时,曾宣誓助其取得

英国之王位；(三)威廉宣言征英为攻击庇护异端之哈霍德。

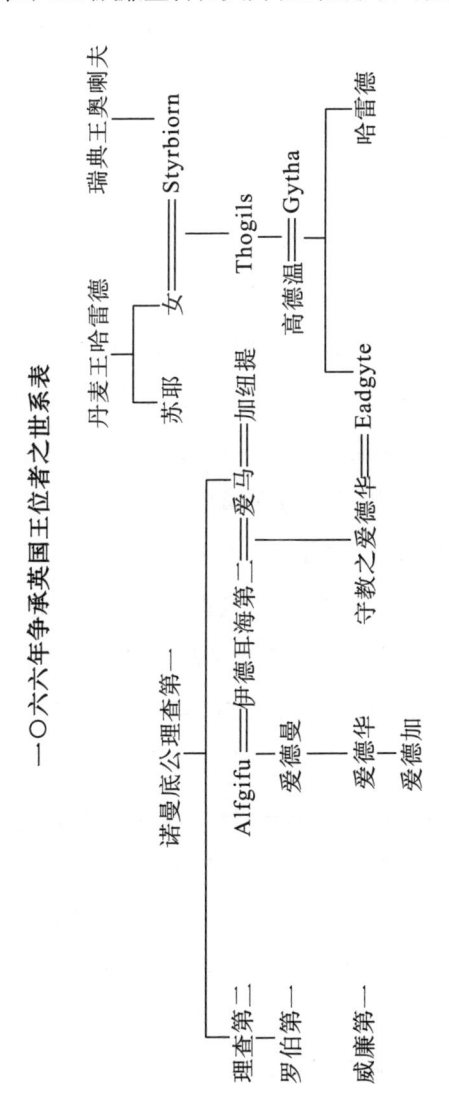

一○六六年争承英国王位者之世系表

```
                                            瑞典王奥喇夫
                                                 |
                              丹麦王哈雷德      女══Styrbiorn
                                   |              |
                                  苏耶          Thogils
                                                  |
                                           高德温══Gytha
                                                  |
诺曼底公理查第一
       |
       ├── 理查第二
       ├── 罗伯第一
       │      |
       │   威廉第一
       ├── Alfgifu══伊德日海第二══爱马══加纽提
       │                  |
       │                爱德曼
       └── 守教之爱德华══Eadgyte
                         |
                        爱德华
                        爱德加
                        哈雷德
```

诺曼底贵族本不愿追随其公爵渡海远征，但自经教皇亚历山大第二宣布弃绝哈霍德及畀予威廉以圣旗后，征英之举竟蒙上神圣战争之色彩，于是诺曼底以外之人，如法人、佛兰德人、不列颠人、不艮地人、亚奎丹人、西西里人，莫不踊跃来归，而威廉又许于战后依照努力比例分配战利品，一时士气激昂，不可名状。英王哈霍德本在南部海岸布置防守，乃此时适那威王哈德拉达(Hardrade)率领大军自约克(York)地方进攻，哈霍德遂不得不暂赴北方抵御强寇。哈霍德虽将那威军战败，但自身实力却因之大伤。迨哈霍德与诺曼底军遇于海斯顶斯(Hastings)时，因彼此劳逸形势悬殊之故，哈霍德及其禁卫军卒全体战死于森拉克(Senlac)丘上。

威廉自加冠为英王后，其第一步着手之处，即没收萨克逊王室财产及参与海斯顶斯战役者之财产。彼处理此项财产，除自身保留大部分外，其余则分配于部属，即兵丁亦获得相当土地而膺骑士之头衔。从全部观之，整个军队即组成英国之新贵族阶级，换言之，英国之新贵族阶级即为整个军队也。土地分配既定，威廉遂大会土地所有者于萨里斯堡(Salisbury)平原，此辈则向其行臣服之礼并宣誓忠诚。威廉虽在英国树立严格之封建地权制，但未使英国陷于政治封建之纷乱，如大陆诸国之状态。英国封建制度尚有一种特色，即各领主所有之田地往往四散于各处，而不集中于一地，此适与大陆上之习惯完全相反。国王在各邑（Shire）中之权力极大，对于邑官（Shire-reeve）可以自由任免；而旧名之邑，此后常为郡（County）字所代替，而邑官与子爵（Vicomte）亦混称而不分矣。

威廉极欲周知领土内之确实情形，曾于一〇八六年派员编辑《土地调查书》（Domeslay-Book）。此时之地方单位为封建采地（Lord's manor），调查即以封建采地为单位，而将乡区（Township）或乡区之一部列于采地之下。《调查书》确立"无地无领主（Nulle terre sans seigneur）"之封建原则，无论一顷或一方之地俱必记入，即一猪一牛亦不能漏列。《土地调查书》之编辑，除明了土地分领之详细状况，及核实丹麦金（Danegeld）之征收数目外，尚别有作用。明白言之，《土地调查书》即国王之产业簿也。

"征服者（威廉第一）只设立了一种王家法院——森林法院——但诺尔曼人及萨克逊人同样的痛恨此种法院……森林法院将所辖居民应享的通常权利一一剥夺净尽。在征服者在时，窃鹿之罪为残害肢体；在后继各王时，则为死刑。……到了斯都亚德（Stuart）时候，乡绅阶级势力日大，而国王之林权遂于无意中落入他们的手中，前之森林法则变为猎法（Games law）。猎法虽无森林法的凶猛，但也与当时英吉利法律之自由精神背道而驰。布拉克斯吞（Blackstona，一七二三——一七八〇）曾谥猎法为森林法之私生子，洵为恰当而苛刻之定评。"

"威廉在教社中所引起的改革,其重要也不亚于政治上的变法。他以法兰西诸男武士替萨克逊诸伯豪贵;他也以外来的主教、僧正及教士充塞英吉利的教区、寺院及大礼拜堂。喜尔得布兰(Hildebrand)时期大陆上改革派所持的教义及标准,威廉亦能强令教社遵守唯谨。……但以外国教士替代英吉利教士,也不能不生宗教益加拉丁化的影响……在爱德华时,英吉利牧区教士的大部分仍有合法的夫妇同居。威廉奉教皇命令,强制一切的教士须过独身生活,但终威廉及其他诸子之世,反抗者仍不绝迹。……征服者在宗教上一大改良,即宗教法院与世俗法院之分离。……威廉以命令令主教退出邑法院,而自设专理宗教案件的法院。"

"诺尔曼征服又一善果为英吉利文的形成。海斯顶斯以后,盎格鲁萨克逊的语言,即亚尔弗来德(Alfred the Great)及比德所用的语言,不复可闻于大厅及寝舍,或朝庙及寺宇;而被视为农民及农奴所用之粗鄙语。它几不复见于文字,即有用之为书者,亦极稀少。僧侣所用者为拉丁文,而华贵则操法语;有学之士及熟读之徒亦不复注意于它的形变。……诺尔曼征服之三世纪内,我们的文字成为农民的方言;在此期内,文法中复杂之性别,及多变之字尾皆一一减少。……同时,好多的法文字意更加入英文,而使我国文字益加富足。英文中关于战争、政治、司法、宗教、猎射、烹饪及美术等因此多原于法文。经此增厚而后,我国文字复为学术界及上等社会所使用,巧塞(Chaucer,一三四〇——一四〇〇)以之著故事,而威克列夫(Wiclif or Wycliffe,一三二四——一三八七)以之译《圣经》;经沙士比亚(Shakespeare,一五六四——一六一六)及密尔顿(Milton,一六〇八——一六七四)之充实后,则更乔皇典丽而无匹……"①

第三节　金雀花朝

威廉死后(一〇八七),其次子威廉第二继英王位。威廉第二颇能抵抗诺尔曼男爵之叛变及苏格兰人之入侵,惟性情粗暴,尤注意厉行森林法,讵料在位不久竟被暗刺而死(一一〇〇)。其弟亨利长兄罗伯赴十字军未归,遂乘机起而兼占英国与诺曼底。

一一三五年亨利死,承继之争顿起:一为亨利之女马的尔达(Matilda)之子亨利,一为亨利之妹阿弟拉(Adela)之子史梯芬(Stephen)。争执约亘二十年,最后凭提奥波德(Theobald)大主教之调停而言归于好。依照此次调停条件:(一)史梯芬得终身为王,但死后须传位于马的尔达之子;(二)千余未得国王允准所造之堡寨须一一铲除。此次议和不仅结束承继问题,不仅终止史梯芬朝之无政府状态,议和后次年史梯芬之死及亨利第二之继位,实为

---

① 见钱端升译《英国史》。

英国史中之一件幸事。

一一五四年,亨利第二继史梯芬为王,是为金雀花朝之始①。是时人民因疲于长期混乱,惕于乱军骚扰,其嗷嗷望治之情已不可掩,惟陷溺已深,殊无法以自脱。亨利第二以"不能算做英人"者为英国之王,遂能格外洞察一切,知所努力。彼勒令毁去非法建筑之堡垒,强力解散骚扰地方之乱兵;一方削夺乘机自立之伯爵,同时又恢复国中各地之秩序。彼之德政极多,而以法律之改进为最著。中央法院(Court of Kings Bench)及巡行法官(Justices in Eyre)之管辖权与权力自经亨利大为增加而后,于是英国之通常法(Common Law)得以逐渐成立。彼又树立陪审制度(Jury)之基础,以代不合理性之宣誓免罪法(Compurgation)、赌力法(Wager or Battle)及神诉法(Ordeal)。

陪审制度分大陪审(Grand Jury)与小陪审(Petty Jury)两种:大陪审为一一六四年《克拉棱敦诏令》(Assizes of Clarendon)及一一七六年《诺桑普吞诏令》(Assizes of Northampton)所设立;小陪审虽不始于亨利第二时,然著为定律者,实自彼始。大陪审亦称起诉陪审,即决定关于犯罪嫌疑之是否之起诉者;小陪审亦称公判陪审,即决定

---

① 亨利第二为安如(Ahjou)伯佐弗来(Geoffrey)之子。佐弗来常喜于其盔上斜插金雀花(Genêt)一枝,因此史家称之为金雀花王朝。

诺尔曼王朝及金雀花朝承替系统表

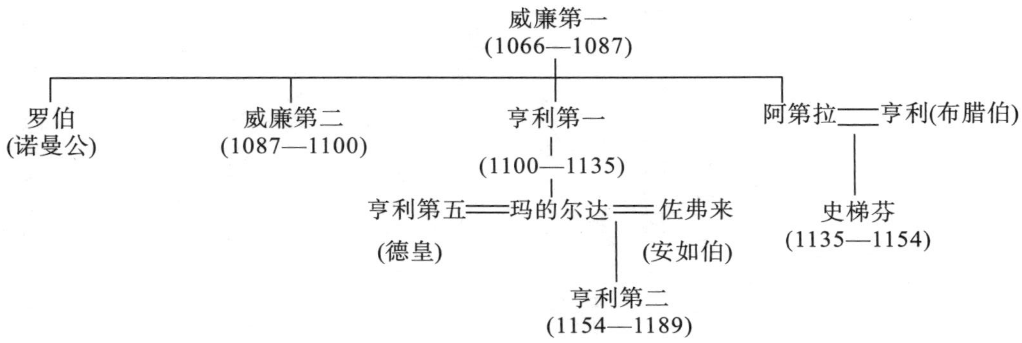

```
                    威廉第一
                   (1066—1087)
         ┌────────────┼────────────┐
       罗伯         威廉第二        亨利第一         阿第拉═══亨利(布腊伯)
      (诺曼公)    (1087—1100)    (1100—1135)              │
                                    │                   史梯芬
                        ┌───────────┴─────┐           (1135—1154)
                 亨利第五═══玛的尔达═══佐弗来
                  (德皇)              (安如伯)
                                        │
                                     亨利第二
                                   (1154—1189)
```

第二章　英国

关于起诉事件之是否之定案者。陪审员即为事实之证人；如诉讼者请求陪审团之审判时，国王之法官则召集十二邻人而嘱其述明事实以定某造之理由较为充分，此即所谓公判陪审。所谓起诉陪审，即每县中有一十二人之陪审团，专司控告犯罪之邻人于法院之前；此辈陪审员仍为事实之证明者，而非事实之判断者，此辈可证明犯罪者在本地之声名如何。自拉特蓝(Lateran)禁止刑审后（一二一五），英国陪审制度更多发展之机会。

亨利第二虽为专制之君主，但彼不设常备军，而令人民武装以供必要时之驱使。此为反封建倾向之制度，颇与旧日之民军精神相吻合，不得民心之暴君敢如此乎？

第四节　大宪章

亨利第二之承继者为其子狮心理查(Richard the Lionhearted)。狮心理查（一一八九——一一九九）勇于战斗，精于应付，然治国无能，耗财如土。彼在位十年，而居英国者不过数月，其视英国仅为资源之一外府耳。彼之一生精力，完全耗于十字军与法国事件之中。其弟无地约翰(John Lackland)继立（一一九九——一二一六），此为英国君主中之最昏暴者；然其历史在英国史中实占一重要篇幅，盖英人努力追求之自由至此竟获树立一巩固之基础也。

无地约翰常敛英国之钱从事大陆上之战争，结果仍不能抗御法国方兴之喀白朝诸王。法王腓力布第二尝借口掠取法境之英国领土(参看第三编第一章第三节),而一般英人对此则殊不关心,或且认为海外领地之损失,适足以增进一般人之利益。故无地约翰欲令一般男爵渡海恢复失地,此辈则以无从军国外之义务,坚持不去。迨布维伦(Bouvines)一战之后,英人遂在大主教史梯芬南登(Stephen Langton)领导之下起而反抗其共同唾弃之专制暴君。无地约翰初犹倔强,最后仍不能不宣誓承认所提出之《大宪章》(一二一五年六月十五日)。

其实,威廉第一曾已宣言尊重爱德华之法令;以后如亨利第一、史梯芬及亨利第二,亦皆有《宪章》。其不同之点,即以前为国王自动宣布,此次为武力强迫承认耳。此次之《大宪章》,可括为四点言之。(一)国王承认历来召集之全国会议(Great Council)。国王如未获得全国会议之许诺,不得征收任何税课。(二)任何自由人非经裁判官正式判决者,不得监禁、流放或剥夺其财产。(三)国王确认僧侣、贵族及中产阶级之应得权利。(四)由全国会议任命男爵二十五人以监督国王诺言之实施,如必要时,可用武力强制国王履行之(全文六十三条,可参阅曾友豪著《英国宪法政治小史》)。

《大宪章》为国王与诸侯分配权利义务之契约,与平民政治本无甚关系,但终为限制王权之重要根据。在一二一五年时,自由人三字之范围固极狭隘,但以后全体佃奴皆渐渐变为自由人,是此次所提出之自由人三字在当时名称上为有界限之称谓,而在以后实质上实指全部英国人矣。"《大宪章》之所以称重于时,乃因它能对于当时的弊政有具体的,且可实行的救济;它实没有包含什么抽象的通则。可是兰尼米德(Runnymede)事变之所以能在历史上生重大的影响,仍因那事件的抽象及共通性。约翰的降服不因于反动的封建巨阀所召集的武力,而因于诸男所领导的全国各阶级;有全权可以左右法律的暴君忽而自身亦受法律的拘束。……《大宪章》虽琐屑万分,虽充满术语,虽不像《独立宣言》之富于通则,虽昧于人权的要旨,而对于后人仍可以发生绝大的想像力,绝大的影响。"[①]

第五节 国会之发展

在亨利第三(一二一六——一二七二)以前,英国尚无所谓国会(Parliament)。迨亨利时,封建议会与国王法院(Curia)共同开会,始有国会之名称。但当时之所谓国会,并无选举及代表之意义,亦无制定法律及通过赋税之权力。凡列席者当可以讨论一切,议论一切,但仅能讨论或议论而已,故喀莱尔(Carlyle,一七九五——一八八一)诮之为"谈话铺"。

英国国会并非一人所创造,亦非一朝所造成,乃是逐渐长养,自然形成。强迫无地约瀚签订《大宪章》之一般

---

① 见钱端升译《英国史》。

男爵，虽尚无国会制度之观念，然国会之根芽颇有赖于此种行动之培植。况《大宪章》之后又有所谓《牛津条例》(Provisions of Oxford)。亨利第三无论在政治方面或宗教方面皆重用外人，并屡向英人勒索巨量金钱。英人不堪其苦，乃在勒斯忒(Leicester)伯西门孟福(Simon de Montfort)领导之下，起而强迫亨利订立《牛津条例》(一二五八)。所谓《牛津条例》，即任命二十四人担任制定改革计划。但在事实方面，一般男爵注意掠取政权究比改革政务为多。此辈决定：国王之私会议须在彼辈中选出十五人组织成之；所谓国会每年须召集三次；在国会闭会期间，须任命十二人担任监督国王之行为；国家高级职官每年须报告其行政情形；任命骑士四人周游全国担任调查应革之弊政。

不久，亨利第三竟废止《牛津条例》，西门孟福遂集兵力败之于留埃斯(Lewes)而强其再度承认(一二六五)。此后西门孟福无异英国之实际领袖，彼乃于伦敦召集所谓大国会。所谓大国会，即除僧侣与高级贵族之代表外，并召集各伯领之骑士与城市之代表。凡研究国会之史的发展者，多视此次国会为两院制之根源。

至爱德华第一时(一二七二——一三〇七)，国会虽尚无某院(Houses)之称，而自一二九五年召集模范国会(Model Parliament)后，平民代表得与贵族僧侣一周列席国会，却已定为成法。一二九七年，爱德华欲征新税，英人起而反对，彼竟不得已而承认，以后如不得国会之许诺不得征收任何税课。英国自宣布《大宪章》以来，至此已渐渐走向近代制度之程途，所谓巴力门制之路。

当国会未分院时，仅一议会，由国王主席，或由国王秘书(Chancellor)代为主席。市民虽亦列席其间，但皆奉召出席，非答问时殆不发言。此时议会等于国会之上院(High Court of Parliament)，今之贵族院(The House of Lords)犹保存此种形式。下议院(The House of Commone)原始之发展经过，殊不明了。盖下议院源于武士及市民之非正式会议；此辈常闭门而作秘密式之集议，并恐外界知其内幕而不肯遗留任何记载，因此无从知其底蕴。但下院议员以韦斯敏斯忒(Westminster)礼拜堂为习惯之议场，实始于爱德华第三时。下院在爱德华第一时，其地位尚极低微，即当玫瑰之战(The Wars of Roses)发生时，其权力仍浮而不实。但下院之利害，既不与国王相同，复不与男爵一致，因此常居于第三者地位，而有举足轻重之势。相争者，无论为国王与男爵，或为接近王廷之诸大族，皆不能不借重于下院，结果下院在彼此互争之中，竟取得调人之地位。

爱德华第一死后，如其承继者为一雄才大略之君主，国会之运命或将衰替，亦未可知。乃爱德华第二适一庸弱无能之人，于是国会之将来赖以保全。当其在位时(一三〇七——一三二七)，国会曾于一三二二年宣言，凡关于国王及王储之大事，须顾及国家及国民之状况，并须取得全国之同意而决定之。一三二七年，国会因其治国无能，竟宣布废置之而立其子爱德华第三。

爱德华第三（一三二七——一三七七）因与法国作战需款之故，召集国会尤频，而国会亦积极扩充其权力（一三三二年，王室允停止随意征收关税及捐款；一三四〇年，国会通过非同意不征收一切课税财政案；同年，国会派遣委员查检税吏收支；四年后，国会通过财政须按照原案使用案；一三七七年，国会派遣二人收支为战争而用之课税）。在国会方面，下院中之骑士与中产阶级亦渐次接近，至一三四一年已达完全团结之境，此实为下院在上院之前具体组成之表现。下院中如无有力之骑士，下院则仅为一可怜之第三阶级之团体，殊未见能与国王及立于封建残迹上之贵族相抗衡。此外僧侣之渐渐放弃国会位置，亦有利于国会之发展。此后英国国中遂无他国所谓之三阶级，在国王之前仅有上院议员及下院议员而已。

英国诺尔曼王朝及金雀花王朝系统表

诺尔曼王朝

威廉第一	一〇六六
威廉第二	一〇八七
亨利第一	一一〇〇
史梯芬	一一三五

金雀花王朝

亨利第二	一一五四
狮心理查	一一八九
无地约翰	一一九九
亨利第三	一二一六
爱德华第一	一二七二
爱德华第二	一三〇七
爱德华第三	一三二七
理查第二	一三七七

第三章 德意志

第一节 鄂多第一以前之德国

德国与法国同，亦由查理曼帝国分裂而来；在《凡尔登条约》时称东佛兰克（Austrasia），以后称日耳曼王国。

德国之主要民族，在南部者有士威比亚（Swabia）族，亦称亚拉曼人（Alamans），及巴威略（Bavaria）族；在中部者有佛兰哥尼亚（Franconia）族；在北部者为萨克逊（Saxony）族。佛兰哥尼亚为佛兰克（Frank）族之原始地位。佛兰克人于定居高卢后，旋陆续征服日耳曼其他各族，直至查理曼时始完成之。日耳曼各族虽被查理曼所征服，而各族仍各保持其特有之法律与族性，因此四大区域组成四大公领，即士威比亚、巴威略、佛兰哥尼亚与萨克逊。各公领各有其本族领袖，称黑尔索克（Herzog），即公爵（Duke）之意。

《凡尔登条约》后，以上四公领即为日耳曼路易之主要领地，以后萨克逊族诸君主为防御斯拉夫人与阿瓦尔人，又于东部一带陆续组织边防区(March)，如白郎丁堡(Brandenburg)、卢萨斯(Lusace)、米斯里(Misnie)、奥大利(Austria)、克仑地亚(Carinthia)、喀尼鄂拉(Carniola)及伊斯的里亚(Istria)等。每一边防区由一操有特权之边防使(Margrave or Marpuis)统治之(参看第二编第一章第二节第三段)。西部洛林(Lorraine)公领亦曾于《墨森条约》后并于日耳曼王国(参看第二编第二章第三节第一段)。

加洛林族膺日耳曼王冠直到九一一年，即日耳曼路易之后裔小孩路易(Louis the Child)死时。此后一般公爵与主教即起而支配王冠，遂使王冠世袭制一变而为选举制。此辈公爵之实力既彼此相等，而彼此又各积极于保持自身之独立，于是彼此皆无法扩大其优趣之势力而建一永久世袭之王朝。王冠由各公爵家族轮流承袭，如萨克逊族之后为佛兰哥尼亚族，再后为士威比亚族。王冠经过此种情形之后，其结果则使德国不能如英法之渐趋于统一，且分裂愈甚，最后直陷入混乱纷扰之境。

影响日耳曼王国之运命者，蛮族侵扰亦一原因。北部来侵者为丹人，东部为定居于波西米(Bohemia)之捷克人(Tcheques)；其最可怕者仍为匈牙利人。匈人约于九百年时冲入巴威略公领，不久即四出蹂躏日耳曼全境。日耳曼王对之不敢抗，不得已纳贿求和。

迨萨克逊公亨利第一为日耳曼王时(九一九—九三

六),彼乃强迫农民集中于各城市之中,并令于欧法特(Erfurt)、额达(Gotha)、墨尔斯堡(Merseburg)等处建筑坚堡以为作战之根据地。彼又组织军队,规律骑士,卒败匈牙利人于墨尔斯堡(九三三)。但亨利此次之战败匈人,并非最后胜利,直到其子鄂多(Otto)败匈人于奥格斯堡(Augsburg,九五五),匈人之入侵乃绝。匈人入侵德国之结果,与诺尔曼人之入侵法国相同,徒使王国趋于分裂,王权濒于破毁而已。

第二节　鄂多第一与神圣罗马帝国

中古之政治领袖或宗教领袖,对于希腊独立之城邦毫无所知,其盘旋于脑际之伟大理想,不外恢复庞大而统一之罗马帝国。教会中人自以为维持秩序之唯一负责者,认教会即为罗马帝国之继续存在,尤视四七六年西罗马帝国之灭亡为无足重轻之事。八〇〇年时,利奥第三为查理曼加冕,此为宗教势力与政治势力两相结合之表示,而非罗马帝国统一之表现。不图九六二年,教皇约翰十二(John XII)与鄂多第一(Otto I)又将八〇〇年之故事重行排演一次,此仍为宗教代表与致治代表之结合,而非罗马帝国之统一。惟鄂多第一之帝国与查理曼帝国相较,其中却有不同之点二:(一)版图狭小,新帝国仅占有《凡尔登条约》查理曼帝国分裂后之东部及中部之南半;(二)封建确立,德意志与意大利成为对抗之势,此为查理曼时代所无之现象。但鄂多之加冕与查理曼之加冕同为中古极有关系之事；鄂多既加冕称帝，于是德国诸王之责任加重，初则不能不分心于境外之意大利，致疏忽德国之统一事业；继后又激起各地之反抗而与罗马教皇为敌。此种现象，在十二三世纪时最为显著，结果德国诸王一无所得，徒使德国支离破碎而已。

鄂多（九三六—九七三）一生之政策，不外两点：（一）尽量染指德国各公领；（二）努力结纳教会。为削弱各公爵，彼则务使其公领之缩减，如将洛林公领分之为上洛林与下洛淋两部（北部为下洛林，著名城市有爱斯拉沙白（Aix-la-Chapelle）；南部为上洛林，重要城市有特里佛斯、蛮次、都耳及凡尔登（Treves, Metz, Toul, Verdun；近代所称之洛林，即上洛林也）。彼尤注意废止各公爵之世袭，而渐以族人代替之，如封其弟亨利于巴威略，封其子鲁多夫（Ludolf）于士威比亚，在每一公领之中，彼又设置一高级职官曰巴拉丁（Palatin）；同时彼极维护一般小贵族之发展，借以减削公爵之势力。在与一般豪族斗争之中，彼常倚教会以为助。彼曾令其族人占据教会之主要位置：如任其弟毕洛（Bruno）为科伦（Cologne）大主教，任其子威廉（William）为马菌斯（Mayence）大主教，另一亲族为特里佛斯大主教。鄂多此种政策对于其自身颇有利，因彼之权力日就巩固而能问鼎于国外，但对于德国之将来则殊可悲，盖愈足以促进德国之分崩离析也。

鄂多当时在欧洲之势力极大,其宫庭俨然欧洲政治之中心。尝见东罗马与哥尔多巴之代表周旋于其左右,而法国与不列地亦常受其影响,至于意大利,则直接立于其支配之下。时意大利王为洛塞(Lothaire),乃伊维勒(Ivrée)侯伯昂基(Berenger)杀之而僭其位,并囚其寡妻阿德乃德(Adelaide)。阿德乃德求援于鄂多,鄂多救之出,且与之缔婚焉(九五一)。不久伯昂基复侵犯教皇约翰十二,鄂多又应教皇之命再入意大利,并处伯昂基以流放之刑。迨鄂多南下入罗马,教皇遂以帝冕加诸其首,时九六二年也。

自此以后,日耳曼君主即兼有三种王冠:一为日耳曼之银冠,以爱斯拉沙白为加冕之地;二为意大利之铁冠,举行典礼于米兰(Milan)附近之孟沙(Monza);三即罗马人之永远庄严皇帝(Emperor Ever August of the Romans)之金冠,加冕于罗马。因此日耳曼君主一经在爱斯拉沙白加冕之后,即亟亟越渡伯锐勒(Brenner)山岭直趋罗马,故人称伯锐勒岭为皇冕之路。日耳曼君主既自称为罗马人之永远庄严皇帝,后人因名其帝国为神圣罗马帝国(Holy Roman Empire),帝国自九六二年起直至一八〇六年始告终止。

在领地方面,日耳曼皇帝已辖有洛林与意大利,至一〇三四年亚尔(Arles)王国又入附于皇领,于是旧日之洛塞王国完全并于日耳曼王国。

鄂多大帝(Otto the Great)因教皇约翰十二阴谋抗

己，又曾三次南入意大利（九六三）。鄂多废置约翰十二，另立新教皇利奥第八（Leo Ⅷ）。鄂多此举，实皇帝克服教皇之第一声。

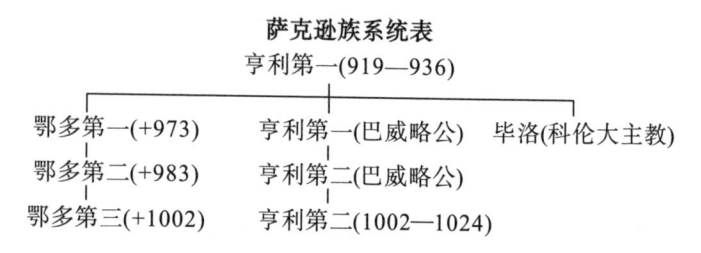

萨克逊族系统表

亨利第一(919—936)
- 鄂多第一(+973)　　亨利第一(巴威略公)　　毕洛(科伦大主教)
- 鄂多第二(+983)　　亨利第二(巴威略公)
- 鄂多第三(+1002)　　亨利第二(1002—1024)

第三节　红须弗勒德勒与意大利诸城

萨克逊族绝于一○二四年，继之者为佛兰哥尼亚族。此中之亨利第四（一○五六——一一○六）曾与教皇革黎归第七（Gegory Ⅶ）演成历史上有名之叙爵（Investiture）斗争，双方争持，至亨利第四死后十六年始告解决（一一二二）。洎萨克逊族洛塞第二（一一二五——一一三七）死后，起而争位者，一方有巴威略之威尔弗亨利（Hery Welf），他方为士威比亚之霍亨斯陶棻康拉（Conrad of Hohenstaufen）。康拉卒当选，因建士威比亚朝或霍亨斯陶棻朝（一一三八——一二五○）。康拉与亨利之党人仍互攻不已，此即史称之皇帝党（Ghibelines）与教皇党（Guelphes）之斗争也。

霍亨斯陶棻朝之弗勒德勒第一（一一五二——一一九○），世称之为红须弗勒德勒（Frederick Barbarossa）。彼自命为罗马皇帝及查理曼与鄂多大帝之承继者，其最高理想惟在恢复昔日罗马帝国之光荣及其势力。但国内诸侯时有跋扈之虞,罗马教皇常有争权之举,而伦巴底诸城之负固不服,尤足增其困难。故彼之一生,极其劳顿,结果仍一无所成,归于失败。

时意大利诸城,尤其是伦巴底诸城,昔日趋于隆盛之境。各城居民因工商业发展而致富,咸欲享受安宁与自由,决不愿更有控制之人,因各组织共和国式之城邦。各城有名人会议(Council of Notables),有执政官(Consuls)以司行政事务;有民军(Militia)以负捍卫责任。米兰(Milan)、科摩(Come)、比森萨(Piacensa)、巴尔马(Parma)、罗地(Lodi),皆当时城市中之最重要者。

罗马人亦效北部城市之举动,起而组织共和政府,拥阿尔罗(Arnold)为领袖,并揭出有名之 S. P. Q. R 旗帜(The senat and the people roman)。弗勒德勒第一助教皇摧毁共和政府之后,旋加冕称帝(一一五四——一一五五),但不久即返德国。教皇以困难未尽而皇帝即弃之不顾,颇为失望。

一一五八年,弗勒德勒再入意大利,开大会于比森萨附近之洪加格里亚(Roncaglia)。此次大会,意在降服伦巴底各共和国;所有诸城领主均须出席,凡不列席者则夺其领地。在大会之中,弗勒德勒命米兰大主教宣言,皇帝为罗马皇帝之承袭者,具有一切权力,其意志即为法律。旋即根据此次宣言于各城市遣派总督(Podestat)主持行政。科摩单独起而反抗,卒被征服。

追弗勒德勒返德国,米兰亦起而叛变。弗勒德勒围攻之,计费时约两年有余(一一五九年四月——一一六二年二月)。城陷之日,城市被削平,居民则悉被驱走。不久,教皇亚历山大第三(Alexander Ⅲ)集合北部诸城反抗弗勒德勒,称伦巴底同盟(Lombard league)。同盟建一新城名亚历山大利亚(Alexandria)以纪念教皇,并重建米兰城。弗勒德勒第一次攻之不胜(一一六七),第二次围攻亚历山大利亚,亦无成功(一一七四)。至最后一次,彼竟为同盟军大败于勒那洛(Legnano,一一七六)。

弗勒德勒并不固执,即与教皇和于威尼斯(Venice,一一七七)。至一一八三年,乃与伦巴底诸城签定正式约于君士坦司(Constance)。按照此次和约,弗勒德勒承认各城市之自治权,即司法、铸币、练团等权。此后皇帝则仅保存一种荣誉权,即批准各城市所选出之职官也。从此诸城市之独立得以完全保证,而皇帝之意大利王头衔,不过为一种虚衔而已。

弗勒德勒虽在意大利失败,而在德国则颇顺利。勒那洛之败,实由于其强大附庸萨克逊与巴威略公狮子亨利(Henry the Lion)不发援兵所致。弗勒德勒攻之,并籍没其领地(一一八〇)。此外又与各封建诸侯战而毁其坚堡。弗勒德勒亦知保护农民,维持道路安宁,德人极爱戴之,称当时为和平时代焉。

弗勒德勒令其子亨利第六娶两西西里王之女嗣君士

坦司(Constance)，因此霍亨斯陶菜族得插足于南部意大利。但教皇颇感威胁，于是教皇党与皇帝党之争为之复启，结果霍亨斯陶菜族卒底于亡。

萨克逊族、佛兰哥尼亚族及霍亨斯陶菜族系统表

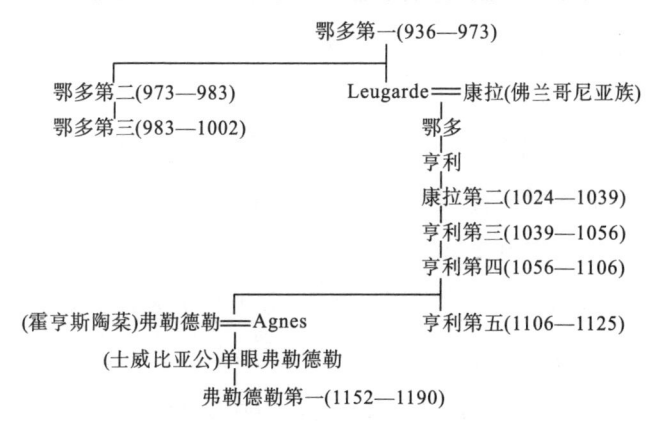

```
                               鄂多第一(936—973)
                    ┌──────────────────┴──────────┐
        鄂多第二(973—983)                    Leugarde══康拉(佛兰哥尼亚族)
        鄂多第三(983—1002)                        鄂多
                                                  亨利
                                                  康拉第二(1024—1039)
                                                  亨利第三(1039—1056)
                                                  亨利第四(1056—1106)
  (霍亨斯陶菜)弗勒德勒══Agnes                    亨利第五(1106—1125)
  (士威比亚公)单眼弗勒德勒
        弗勒德勒第一(1152—1190)
```

威尔弗族及霍亨斯陶菜族系统表

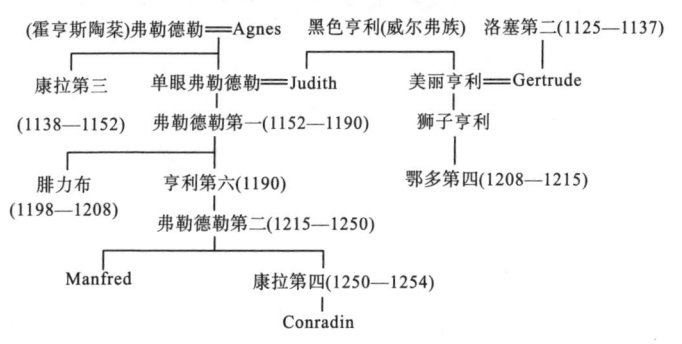

```
(霍亨斯陶菜)弗勒德勒══Agnes           黑色亨利(威尔弗族)   洛塞第二(1125—1137)
  ┌─────────┴─────────┐                    │                    │
康拉第三           单眼弗勒德勒══Judith    美丽亨利══Gertrude
(1138—1152)       弗勒德勒第一(1152—1190)   狮子亨利
  │                                          │
胖力布           亨利第六(1190)            鄂多第四(1208—1215)
(1198—1208)     弗勒德勒第二(1215—1250)
          ┌──────────┴──────────┐
      Manfred              康拉第四(1250—1254)
                              Conradin
```

第四节　弗勒德勒第二与以后德国之混乱局势

弗勒德勒第二（一二一五——一二五〇）为中古最特异之一人。其父为德人，其母为法国诺尔曼人，而彼所受之教育则为意大利、希腊之教育。彼之造诣特深，竟博得世界惊奇（Stupor Mundi）之徽号。彼尝以亚拉伯人眼光观察耶稣教，又以耶稣教徒眼光观察回教，结果遂谓摩西、耶稣及穆罕默德，皆为欺骗他人之人。彼大肆攻击教士之奉教不虔及骄奢淫佚，主张各国王侯籍没教会之财产。"彼尝聚哲学家多人于宫庭中，其中有耶稣教徒，有犹太教徒，有回教徒焉。尝努力以萨拉森文化灌入意大利，为意大利人所不满，亚拉伯数字及代数之传入欧洲，即彼之力也。其宫中哲学家有名迈克尔司各脱（Michael Scott）者，尝译亚里士多德著作一部分，及亚拉伯大哲学家亚味洛厄兹对于此部分之评注。一二二四年，弗勒德勒建那不勒大学，扩充索勒那大学（Salerno University）之医学院。又尝设一动物园。彼著有《使鹰术》一书，足表其观察鸟类习惯之精密。彼又为始用意大利文作诗之一人。意大利诗，实从是产生于其宫中也。有人称之为'第一近代人'，此语颇足以表示其智慧方面之不受拘束。彼之创造力见于各面。当黄金缺乏之时，彼即创一种皮钞，注明可以兑现，颇能通行，盖无异一种皮制银行钞票也。"[①]

弗勒德勒第二时代，正教皇势力如日中天时代。矧弗勒德勒幼时尝为伊洛森第三（Innocent Ⅲ）所抚养，彼似不应有怀疑宗教及反抗教会之行动。乃彼实一赋性狡诈，野心勃勃

---

① 见汉译英国威尔斯《世界史纲》。

之人;当彼觊觎帝位时,凡教皇所要求者,如兴十字军,让两西西里王国于其子,无不满口应允。但教皇不久即知彼欲建一强有力之国家于意大利南部,并拟伸其势力于伦巴底,而自身则将陷于两面威胁之境地。故教皇对于皇帝之一举一动,靡不加以注意,且必尽其力以破坏之,并及于其族系。

忆亨利第六死后(一一九七),弗勒德勒第二年尚幼,其叔腓力布为皇帝党所拥,遂宣布称帝。不料科伦(Cologne)大主教又召集大会另选威尔弗族狮子亨利之子鄂多第四为帝。伊洛森第三恐霍亨斯陶荣族之势盛,卒承认鄂多。不久腓力布死(一二〇八),而鄂多又有侵略西西里王国之举,伊洛森第三遂决意以弗勒德勒为皇帝。弗勒德勒对于兴十字军之诺言延期而不履行,卒被逐于教会之外。为敷衍教皇,弗勒德勒亦曾起程东征(一二二八——一二二九),但不战即与回人订立十年休战之约,惟耶稣教徒得自由朝拜圣地。然弗勒德勒之行动仍屡触教皇之怒,最后教皇竟废弗勒德勒而另立条麟吉亚之亨利(Henry of Thuringia,一二四六)。一二四七年,亨利为弗勒德勒之子康拉第四所败而死,教皇乃又选出荷兰之威廉(William of Holland)以继之(一二四七——一二五六)。一二五〇年,弗勒德勒第二卒,康拉自命为正式承继人,称康拉第四(一二五〇——一二五四)。教皇因为痛恨霍亨斯陶荣族之故,旋即以西西里王国予法王路易第九之弟安如查理(Charles of Anjou),从此霍亨斯陶菜族在意大利之根据地为之丧失,而德国自鄂多大帝以来所培植之势力至是亦急转入式微之境矣。

康拉第四及荷兰之威廉死后,德国之诸侯遂公然出售王冠。起而购买之者,一为英王亨利第三之弟理查(Richard),一为加斯的(Castile)王亚尔峰斯第十(Alphonse X)。时德国名虽有二元首,其实直可谓之无元首。史家认德国自一二五○年至一二七三年为无政府时代,称之为大虚位时期(Great Interregnum)。在此期中,所有君主权力及国家观念之痕迹皆消失无余。世俗方面如公伯或骑士,教会方面如大主教或修道院长,皆汲汲努力于独立,而图在领地中南面称王。一般城市亦急起推翻拘束以求解放。一时德国崛起之独立区域,奚止四百,故法人诮之为诸德(Les Allemagnes)

德国元首系统表

加洛林族

查理曼	八○○—八一四
路易第一(慈悲路易)	八一四—八四○
路易第二(日耳曼路易)	八四○—八七六
⎰路易第三(萨克森王)	八七六—八八二
⎨加洛曼(巴威略王)	八七六—八八○
⎱查理第三(士威比亚王)	八七六—八八二
即肥硕查理,继称日耳曼王,秃头查理第二之后称皇帝	八八二—八八七

阿尔鲁夫	八八七—八九九
路易第四（小孩路易）	八九九—九一一
佛兰哥尼亚族	
康拉第一（第一被选之王）	九一一—九一九
萨克逊族	
亨利第一	九一九—九三六
鄂多第一（鄂多大帝）	九三六—九七三
鄂多第二	九七三—九八三
鄂多第三	九八三—一〇〇二
亨利第二	一〇〇二—一〇二四
佛兰哥尼亚族	
康拉第二	一〇二四—一〇三九
亨利第三	一〇三九—一〇五六
亨利第四	一〇五六—一一〇六
亨利第五	一一〇六—一一二五
萨克逊族	
洛塞第二	一一二五—一一三七
士威比亚族	
康拉第三	一一三八—一一五二
弗勒德勒第一（红须弗勒德勒）	一一五二—一一九〇
亨利第六	一一九〇—一一九七
腓力布	一一九八—一二〇八
鄂多第四	一二〇八—一二一五

弗勒德勒第二 　　　　　　　　　一二一五——一二五〇
⎧条麟吉亚亨利 　　　　　　　　一二四六——一二四七
⎨荷兰威廉 　　　　　　　　　　一二四七——一二五六
⎩康拉第四 　　　　　　　　　　一二五〇——一二五四

大虚位时期

荷兰威廉 　　　　　　　　　　　一二四七——一二五六
理查 　　　　　　　　　　　　　一二五七——一二七二
亚尔峰斯 　　　　　　　　　　　一二五七——一二七三

诸族争承帝位时期

路德福（Rudolph of Hapsburg） 　一二七三——一二九一
阿多尔弗（Adolphus of Nassau）　一二九二——一二九八
亚尔伯弗（Albert of Aostria） 　　一二九八——一三〇八
亨利第七（of Luxemburg） 　　　一三〇八——一三一三
路易第五（of Bavaria） 　　　　　一三一四——一三四七
查理第四（of Luxemburg） 　　　一三四七——一三七八
汶塞斯罗斯（Wenceslas of Luxemburg）
　　　　　　　　　　　　　　　一三七八——一四〇〇
鲁伯特（Rupert of Bavaria） 　　 一四〇〇——一四一〇
若瑟斯（Jossus of Moravia） 　　 一四一〇——一四一一
西祺门（Sigismund of Luxemburg）一四一一——一四三七

奥大利族

亚尔培第二 　　　　　　　　　　一四三八——一四三九
弗勒德勒第三 　　　　　　　　　一四四〇——一四九三

马克西米连第一（Maximilian Ⅰ）	一四九三——一五一九
查理第五（Charles quint）	一五一九——一五五六
斐迪南第一（Ferdinanl Ⅰ）	一五五六——一五六四
马克西米连第二	一五六四——一五七六
路德福第二	一五七六——一六一二
马底亚司（Matlias）	一六一二——一六一九
斐迪南第二	一六一九——一六三七
斐迪南第三	一六三七——一六五七
里泊德第一（Leopold Ⅰ）	一六五八——一七〇五
若瑟第一（Joseph Ⅰ）	一七〇五——一七一一
查理第六	一七一一——一七四〇
查理第七（of Bavaria）	一七四二——一七四五

奥大利洛林族（Austra-Lorraine）

佛兰西斯第一（Francis Ⅰ）	一七四五——一七六五
若瑟第二	一七六五——一七九〇
里泊德第二	一七九〇——一七九二
佛兰西斯第二	一七九二——一八〇六

第四章 意大利

第一节 西罗马衰灭以后之意大利

西罗马皇帝渥穆鲁奥古斯都尔（Romulus Augustulus）自被俄陶开（Odoacer）推翻后，意大利遂转于日耳曼族之手：统治之者先为赫汝尔族（Herules，自四七六年至四九一年）；继为东哥德族（Ostrogoths），自四九一年至五五二年）；最后伦巴族（Lombards）又于五六八年定居于意大利之北部。南部意大利称希腊意大利，由哈维那（Ravenua）之总督（Exarkhos）统治之。七二六年因东帝利奥第三（Leo Ⅲ）虐待犹太人及供奉偶像者，希腊意大利遂起而作乱，此后即分裂为两部，一部仍继续隶于东罗马，另一部则组成共和国，以罗马为都城，立于教皇统治之下。自七四九年至七五二年，伦巴人又陆续从希腊人手中掠去总督区（Exarchat，即波河下游南北之地，以哈维那为中心），五城市区（Pentapole，即 Rimini, Pesaro, Fano, Sinigaglia, Ancone 等城，即波罗格那［Bologna］地带)及贝勒文陀(Benevento)公领,从此罗马遂完全为伦巴人所包围,教皇史梯芬第二(Stephen Ⅱ)乃急求援于佛兰克人。七五五年,佛兰克王矮丕平(Pepin the Short)率军侵入总督区与五城市区,而转让之于教皇;七七四年,查理曼毁伦巴王国,而于罗马地带造一教皇领地(Estates of church),此后意大利计总划为三部:(一)北部与中部为佛兰克意大利;(二)南部为伦巴意大利(即贝勒文陀);(三)南端岛尖为希腊意大利。

第二节　查理曼死后之意大利

查理曼死后(八一四),意大利沿岸各城市,如热那亚(Genoa)、威尼斯(Venice)、比萨(Pisa)、那不勒(Naples)、亚马非(Amolfi)、加厄大(Yaeta)等,皆因商业致富而宣告独立;定居于西西里之萨拉森人亦起而蹂躏半岛之南部;伦巴意大利亦于八四〇年裂为三小邦:贝勒文陀、索勒那(Salerno)及加普亚(Capua);上意大利仍为一王国,为加洛林族亲王所统治,加洛林亲王自洛塞起即膺皇帝之头衔。自肥硕查理被废置后(八八七),斯波勒陀(Gui of Spoleto)与佛里犹尔(Berenger of Friul)公爵、伊维勒(Ivrée)侯爵,及日耳曼、不艮地、蒲洛温斯(Provence)等王,皆起而争位,或称帝,或称王,或并戴两头衔。自洛塞死后(洛塞为蒲洛温斯休哥[Hugh of Provence]之子),其寡妻皆乞援于鄂多大帝,鄂多大帝因率军入意大利救之,并于第二次再入意大利且加冕为皇帝焉（参看本编第三章第二节第三段）。

第三节 纷扰之意大利

德国诸帝多不以鄂多大帝对于意大利之行动为满足，常欲染指半岛之其他地带。鄂多第二既恢复教皇本泥狄克特第七（Benedict Ⅶ）之后，旋长驱入侵那不勒、巴利（Bori）及大兰多（Tarento）等城，不幸为希腊人所败（九八二）。不久德帝之势力且为罗马贵族克勒森细阿斯（Crescentius）及伊维勒（Ivrée）侯阿尔杜音（Hardouin）所威胁。迨教皇革黎归第七（Gregory Ⅶ）起，彼即以建造两西西里王国之诺尔曼人为基础，而张教权于政权之上，并掀起有名之叙爵斗争。在此次及以后之斗争中，所谓教皇党与皇帝党之斗争，所谓意大利人与德国人之斗争，结果皇帝党归于失败。皇帝党一败于勒加洛（Legnano，一一七六年弗勒德勒第一时），再败于巴尔马（Parma，一二四八年弗勒德勒第二时），最后复败于贝勒文陀（Benevento，一二六六年 Manfred 为安如查理所败），结果皇帝在意大利所有之辖地竟为之完全丧失而无余。

德帝之势力虽被摈除，而意大利内部之情势究何如耶？意大利与德意志同，同为中古地理上之一名词耳，各城市既已努力获得解放，于是彼此各趁其独立而交互敌视与斗争。即在每一城市之中，亦各有其内部之争执，罗马因组织为共和国，遂常常驱逐其教皇。此外如佛罗伦斯(Florenza)，则有所谓肥人与瘦人之斗争。因此各城市遂产生专制魔王(Tyrants)，而较大之城邦亦渐渐开始成立。至于两西西里王国则因法人激起叛变之后，竟分裂为二（一二八二）。米兰先隶于度里雅里族(Torriani)，继在维斯康第族(Visconti)时成为公领（一三九五），复在斯福尔萨族(Sforza)时而合并热那亚（一四六四）；佛罗伦斯在美地奇族(Medicis)时曾控制多斯加纳(Toscany)；威尼斯竟能扩张领土至亚达河(Adda)畔（一四〇二——一四五〇）；萨瓦(Savoy)与辟门(Piedmont)统合并而为一（一四一六）；非拉(Ferrara)之统治者为伊斯提(Fste)族，芒都(Mantua)为贡沙加族(Gonzagua)。比萨(Pisa)与热那亚(Genoa)常互争萨丁(Sardinia)；而热那亚与威尼斯则竟营东方商业；各城市因海道商业而致富，于是彼此遂互争雄长各不相下。意大利之政治情形虽如此混乱，而但丁(Dante，一二六四——一三二一)、彼脱拉克(Petrarca，一三〇四——一三七四)与朴伽丘(Boccaccio，一三一三——一三七五)诸人，独能在此扰攘之中从容发泄其神智，此殆天相意大利而特以此补偿之耶！

第四编 政教冲突及十字军

第一章 政教冲突

第一节 教会之权威

教皇主持之教会政府之成立,实为中古史中重要事迹之一。教皇首先完成教会政府之绝对独立,既而则努力使世俗权力立于精神权力之下,换言之,即使帝王承认教皇之权力优越。教皇此种企图常为各国元首所抨击,特别为德皇,盖德皇亦欲在耶教领域中取得元首之地位也。因此,德国与意大利竟发生长期之政教冲突,前后历时约三百年,最后一幕发生于法国,主要人物为法王腓力布第四,结果教皇之企图归于失败。

吾人所称之教皇,始初仅为罗马之主教。但罗马主教自始即被人视为主教辈中之首席。罗马主教之所以有此优越权,盖因罗马教会之创始人为圣彼得(Saint Peter)故也。罗马主教既为圣彼得之承继人,其地位遂无形高于其他各地之主教。同时,罗马又为罗马帝国之京都,于是政治中心之罗马遂亦自然而然成为宗教领域之首都。

惟此地应加注意者，即最初罗马主教之被选方式，仍与其他各地主教之被选方式相同，仍由本城之神父与信徒所推选，决不似以后为教皇阁员（Cardinals）所推选也。

当罗马尚隶于东帝时，教皇不过东帝之一职官耳；并且教皇之就任，须得东帝之许可。教皇对于此种情形颇引为不便，复因皇帝之干涉信仰问题，尤常加以抵抗，且极致力于自身之自主以谋保证精神之独立。能负此使命以趋卒使教权张大者，允推教皇革黎归第一（Gregory the Great，五九〇—六〇四）。彼曾使西欧各民族奉行耶教；因彼广拥财产，彼遂乘东帝之颓势而实际成为罗马之真正主人。但彼之继承者，至少在表面上仍不能脱去东帝之控制。直到佛兰克王予以援助，教皇得辖有所谓教皇领地，于是教皇之实际势力乃获确定。

中古教会无异专制之政府，教皇大权独揽，俨然专制之君主。教会法律，教皇得伸缩之；宗教大会之议决案，如不得教皇之批准，则不生效力。教皇对于教会以内之权威无论矣，其对于世俗之帝王，亦自有其道德上之方法，所谓精神武器。精神武器计分四种：（一）屏除教会（Excommunication）。所谓屏除教会，即罪人一经被教会宣布此种处罚后，即被视为病疫疠者，一般人皆与之离绝。法王罗伯第二、腓力布第一及腓力布第二，或因与近亲结婚，或因掳掠附庸之妻，或无理由离弃其妻，皆曾受此罚。（二）禁制（Interdict）。如屏除教会之宣布不足使罪人反省时,教会则另宣布禁制之令。所谓禁制,即于罪人之领域中禁止举行一切宗教仪式,换言之,即教会罢工也。此种处罚,不仅及于罪人之本身,且及于全境之人民。人民因日常生活之混乱,遂转而仇视罪人,每能促起罪人之悔悟。一二〇〇年,法王腓力布第二曾受此罚,是其著例。(三)忏悔(Penitence)。凡犯重罪者,则受此罚。忏悔仪式由教会公开举行之;忏悔时期由七年至十二年。在忏悔时期中,犯者不能入礼拜堂,须离开家庭,每日仅素食一次。此即八三二年慈悲路易在索伊逊斯(Soissons)及一一七四年英王亨利第二在托马柏克(Thomas Becket)墓前所受者。(四)朝拜(Pilgrimage)。此为一种远足旅行,然其苦况实等于今日之有期徒刑。朝拜之地不外罗马之圣彼得墓,西班牙之圣札克(Saint Jacques of Compostelle)墓,法国都尔(Tours)之圣马丁(Saint Martin)墓,至上而最远者,厥维耶路撒冷之耶稣墓。

中古教会为秩序原理之代表,其权威之大,虽当时帝王亦无以过之。十字军兴,一般欧洲人在耶稣教徒名称之下,不惜牺牲一切前赴耶路撒冷,而置国籍、种族于脑后,此实教会权威达于极顶之表现。

第二节　革黎归第七与亨利第四

教会获得实际势力,虽为一种进步,但同时亦有一种危险。盖野心之帝王既见教会有控制社会之力量,咸欲参与教皇之选举或教士之授职。忆自鄂多第一以来,皇帝驱逐不称职之教皇而另立教皇,已屡见不一见矣。至于各地参与授职之事,尤数见不鲜,结果酿成鬻爵(Simony)之陋习①。教会刚脱离东方之束缚而欲有所自立,乃又陷入世俗势力操纵之下,凡教会中人关心教会者靡不认定改革教会为刻不容缓之事。主张改革最力之推动人为克伦尼(Cluny)僧侣,而喜尔得布蓝(Hildebrand)尤为其中之有力人物。

喜尔得布蓝被选为教皇(一○七三),称革黎归第七(Gregory Ⅶ)。彼因鉴于过去罗马帝国之统一与隆盛,乃欲努力恢复之,因此主张应有一最高领袖以为世界主宰,而此最高领袖又须属于精神界者。革黎归第七此种思想,大可代表中古之政治思想。至于其所采之步骤,彼即先从教会本身入手。当彼即位时,彼首先即厉禁教会之陋习。但教职与教领常不可分,如欲拒绝帝王之干涉教职,是不啻破坏帝王之领土完整,此实为帝王所不能容忍者,革黎归第七开端即触此困难,于是教皇与皇帝两方互以短兵相接,直至一方力尽而后止。

德皇亨利第四并不顾革黎归第七之禁令,仍照常委

---

① 撒玛利亚(Samaria)城中有犹太魔术家西门(Simon)见圣彼得(Saint Peter),使当地居民感受圣灵,大为惊异。旋向圣彼得请求,愿给以金钱,请其教以授予神力之权。圣彼得责之,西门大悔。嗣后教会中对于以金钱买卖教职,即称之曰西门之罪(Simony)。

任米兰主教、斯波勒陀（Spoleto）主教，并出售福尔达（Fulda）修道院长之职。革黎归第七致书责之，亨利第四遂于休牧（Worms）召集宗教大会（一〇七六年一月），议决废置革黎归第七，并寄以答书云："亨利，非篡窃之国王，乃奉天承运之国王，告喜尔得布兰，此后为伪修士而非教皇。已受吾之主教之裁判及吾之裁判而被处罚，其速下位，速离为尔篡窃之位。圣彼得之座应由他人居之。其速下位！其速下位！"

迨革黎归第七屏除亨利第四于教外之令到德国后，大部分诸侯皆欲乘机弱削帝权，遂起而反对亨利第四。亨利第四见自身陷于穷促，乃决意径向教皇请罪。时革黎归第七已到加洛萨（Canossa），亨利第四因首丧面立于宫门前者三日。革黎归第七初坚拒不见，继因左右屡次邀请，始允宽恕其罪（一〇七七年一月）。

八年后（一〇八四），亨利第四既歼灭德国方面之敌人及意大利方面之教皇党羽，旋即侵入罗马，革黎归第七几不能免，幸西西里之诺尔曼人及时援之，乃能脱险而出，卒安抵索勒那（Salerno），但不久即死。

教皇与皇帝之争，并不因革黎归第七之死及亨利第四之死（一一〇六）而终止也。直到一一二二年，亨利第五与教皇加里克都斯第二（Calixtus Ⅱ）成立《休牧和约》（Concordat of Worms），此期之争始暂告一段落。根据此次和约，以后教会得自由选任主教，惟须在君主前举行仪式；君主对于主教须另外举行授予封土及世俗特权之礼。此次和约对于教会之合法独立与皇帝之领土尊严，可谓获得相当解决；但两方所争之原理问题——谁为至尊——则未提及之也。

第三节 教皇之极盛时代

《休牧和约》为第一期政教冲突之结束。迨十二世纪中叶第二期政教冲突又开始；此期之争，政治性质较多于宗教性质，盖此期教皇之反对德皇，一方固在保证其世俗之领域，但同时又在捍卫意大利之独立也。

当弗勒德勒第一时（一一五二——一一九〇），教皇亚历山大第三（Alexander Ⅲ）曾宣言谓帝冠为教皇之封土（Fief）；因此皇帝为教皇之附庸（Vassal）。及帝军为伦巴底同盟军败于勒那洛（Legnano，参看第三编第三章第三节）后，骄傲之霍亨斯·陶莱竟低首下跪于教皇之前而吻教皇之脚（一一七七），时距加洛萨之辱恰正一百年也。

二十年后，教皇伊洛森第三（Innocent Ⅲ，一一九八——一二一六）出，居然实现教皇之最高权威于一时。彼登教皇位时仅三十七岁，其所悬之目的不外三种：（一）自德人统治下解放意大利；（二）铲除耶教欧洲之异端；（三）再兴十字军。但欲达此三种目的，必须维持耶教之尊严，使教皇对于一般世俗元首有一种精神上之宗主权，彼之言曰："上帝之手扶吾人登此御座，不但使吾人得会同一般亲王裁判民众,并且使吾人得在一般民众之前裁判亲王。"其为教皇下定义曰:"为上帝传圣油所定者,比上帝较小,比人类较大,为众人之裁判者,只为上帝所裁判。"彼对于当时之欧洲帝王,确能充分表现教皇之最高权力。其对于法王腓力布第二,曾迫其迎归出妻音基伯基(Ingeburge)。在德国方面,彼曾援助鄂多第四为帝;既而又夺其帝冠而付予弗勒德勒第二。在英国方面,彼曾废置无地约翰直到无地约翰自承为教皇之附庸,及申明向教皇缴纳年金后,始回复其王位(一二一三)。此外对于匈牙利、丹麦、加斯的、亚拉冈之王冠,亦尝随意支配之。彼又组织十字军两次:一次即占领君士坦丁堡之第四次十字军(一二〇二);另一次为扑击法国南部异端之十字军(一二〇八)。

伊洛森第三死后之五十年间,教皇之政治势力犹未衰歇。霍洛留第三(Honorius Ⅲ,一二一六——一二二七)对于弗勒德勒第二虽稍让步,而彼在位期中仍有可得而言者二事:(一)尽量歼灭法国南部之异端;(二)正式批准度明哥(Saint Doninic)教派之组织。迨革黎归第九即位(一二二七——一二四一),弗勒德勒第二之困难又大增。革黎归第九曾迫其实践十字军之诺言,彼竟不能不启程而赴巴勒斯登(一二二八)。

革黎归第九复第二次屏除弗勒德勒第二于教会之外,因其侵占教皇之封土萨丁岛也。革黎归第九一生以革黎归第七为理想中人,而其末路亦与革黎归第七相同,是弗勒德勒第二之围罗马,正所以成全之也。伊洛森第四(一二四三——一二五四)又宣布废置弗勒德勒第二(一二四五);至乌尔班第四(Urban Ⅳ,一二六一——一二六四)更将两西西里王国给予安如查理,而安如查理亦自承为教皇之附庸(一二六五,参看第三编第三章第四节第三段)。德国自弗勒德勒第二死后(一二五〇)即入于大虚位时期;政教冲突至此又告一段落,而在教皇方面实为最后一次之完全胜利。

第四节 波利伐第八与腓力布第四

以前教皇之势力所以能控制一般君主者,适由一般君主无强大之势力,能得人民之援助以与之对垒也。教皇波利伐第八(Boniface Ⅷ,一二九四——一三〇三)明知一般民族国家已不承认教皇为政治之元首;然为维持教皇之尊严计,仍不惜牺牲一切,以与法王腓力布第四相周旋,结果精神武器不敌世俗权力,波利伐本身且为此次斗争中之牺牲者,而罗马之教皇竟被移居于亚威农(Avignon)而成为巴比伦之俘囚(Babylonian Captivity)。

波利伐第八为教皇中之最倔强而最激烈者;彼曾将革黎归第七与伊洛森第三之理论推到极端,其言曰:"罗马教皇为上帝之代表,统治一般国王及一切王国";又谓:"有两势力,一为精神势力,一为世俗势力。此两势力皆属于教会。一在教皇手中,一在君主手中;但君主只能依照教皇命令及允许为教会而使用。如世俗势力入于歧途,则应由精神势力纠正之。……因此吾人宣言,吾人说明,吾人度定,吾人布告,所有一切人类,服从罗马教皇绝对为幸福之一条件。"波利伐既有此种言论,彼即积极进行以求其实现。适英王爱德华第一因国用不支,于一二九六年有向教士征税之举;同时法王腓力布第四亦有同样举动,波利伐因此征税方法颇为震怒,立即提出有名之抗议(Clericis laicos),禁此教士纳款于君主,君主课税于教士,否则屏除于教会之外。

腓力布第四为抵抗教皇之举动,特下令禁止运输金银于国外。但一般主教则通信于教皇,请其允许纳款于国王以应其需要,波利伐第八亦不得已而让步。一三〇一年,教皇突于法国怕米耶(Pamiers)地方新创一主教区,并任命塞色伯纳(Bernard of Saisset)为主教。腓力布第四以教皇此举并未得其许诺,遂命人拘捕塞色伯纳。至一三〇三年,教皇以屏除法王于教会之外为威吓,不久更解除其人民之忠顺。在腓力布第四方面,始则求助于扩大会议(参看第三编第一章第四节第三段及第七段),继则听信法学家威廉(Guillaume of Nogaret)之言,决以武力对待教皇。

威廉入意大利,即与教皇之敌人,尤其是科洛那族(Colonna)相结纳,并集合好事者千余人径陷波利伐第八之驻地亚拉尼(Anagni)。波利伐第八闻信,旋登教皇座,对示威者曰:"此予之颈也,此予之头也。"威廉促其逊位,彼答曰:"如予应死,予必死为教皇。"两日后,亚拉尼人民突然蜂起大呼曰:"教皇万岁!外国人当死!"威廉闻变而逃;然教皇之气已为其所夺,返罗马不久即死。

腓力布第四于一三〇五年令人选波尔多(Bordeaux)大主教为教皇,称克力门第五(Clement V),并令居于亚威农(一三〇九)。腓力布此举为中古重要事迹之一,从此两百年在德国境内发生之政教冲突竟在法国境内宣告终了;教皇企图取得世界最高权之计划从此失败;各国之政治独立从此不受教会之干涉而获保证。但在中古足以代替仲裁之道德权威,足以遏止野心及暴力之精神力量,从此竟完全消失而不可复矣。

第五节　教会之分裂

当喜尔得布蓝正从事改革教会之风习,及预备在僧侣中建设教皇之权威时,教会之统一亦于同时宣告分裂,其分裂之原因,第一为信仰之歧异;其次为君士坦丁堡教长(Patriarch)之骄心,不愿居于罗马教皇之下;再其次为东帝之政治利益,盖东帝不愿其统治下之僧侣隶属于他人也。

罗马教皇自四七六年以后亦常欲与君士坦丁堡分离,其为查理曼加罗马皇帝冠,即此种倾向之表示(参看第二编第一章第三节)。但罗马教皇自实际获得宗教领袖之资格后,即积极图谋维持耶教世界之统一,而东方之皇帝与教长却又不愿居于附从之地位,于是罗马教皇所欲维持之耶教统一终不可得。

先是君士坦丁堡之教长福笛司(Photius)对于教使不恭,教皇尼哥拉第一(Nicolas Ⅰ)废之(八六二),福笛司遂大诉罗马教皇之错误,亦宣布废置罗马教皇,此东西教会分裂之开端。福笛司所建之东方教会,亦称希腊教会,其与拉丁教会不同之点,约有数端:(一)不承认神来自上帝之子;(二)否认炼罪所之存在;(三)以土语举行仪节;(四)浸礼灌注全身;(五)教堂内除图画外不用神像;(六)只唱歌不用音乐;(七)否认罗马教皇之优越权。

至十一世纪,教皇利奥第九努力联合东西两教会,君士坦丁堡教长塞吕拉雨司(Cerularius)拒绝与之言和,于是教会之分裂无法挽救(一〇五四)。

东西教会之分裂,史称之为希腊教分裂(Greek schism)。而在西部方面,自教皇亚威农返居罗马后,又演一种所谓西方之大分裂(Great Schism of Occident)。此次分裂历时虽仅七十年(一三七八——一四四九),而罗马教会之尊严及西方信徒之信心却为之动摇不少。盖自教皇革黎归第十一死后(一三七八),罗马人以教皇阁员既皆为法国人,其所选之教皇必为法人无疑,遂起而威吓教皇阁员,非选一意大利人不可。教皇阁员不得已选一那不勒人,称乌尔班第六。数月后,教皇阁员以新教皇对彼等之行动操切,

第一章 政教冲突 ·135·

乃相率离开罗马宣告新教皇之选举无效,而另选一法人称克力门第七。时正当英法百年战争(一三三七——四五三),此种宗教争端遂卷入政治之敌视。概括言之,当时欧洲国家对于教皇之向背可分为两大集团:英王、德皇、德国诸侯、意大利各邦,皆奉乌尔班第六;法国、那不勒、苏格兰及西班牙各王国,则拥定居于亚威农之克力门第七。

罗马教皇与亚威农教皇彼此皆宣布废置令,并交相屏除敌方之信徒于教会之外。一般信徒莫知谁为合法教皇,因此服从教会训诫之精神陷于惝恍迷离之境。过去之希腊教分裂,无非皮表创痕;此次之西方大分裂,实心腹隐疾。异端之起,夫岂偶然,新教之兴,殆可逆料!

罗马教皇系统表

第一期

圣彼得(Saint Poter)	三三—六七
圣来那斯(Saint Linus)	六七—七八
圣克理塔斯(Saint Cletus)	九八—九〇
圣克力门(Saint Clement)	九〇——〇〇
圣阿那克理塔斯(Saint Anaclettus)	一〇〇——一二
圣伊威理塔斯(Saint Evaristus)	一一二——二一
圣亚历山大(Saint Alexander)	一二一——三二
圣息克斯塔斯(Saint Sixtus)	一三二——四二
圣特勒斯芬鲁斯(Saint Telesphorus)	一四二——五四
圣亥吉鲁斯(Saint Hyginus)	一五四——五八

圣庇护(Saint Pius)	一五八——一六七
圣安尼西塔斯(Saint Anicetus)	一六七——一七五
圣索得鲁斯(Saint Soterus)	一七五——一八二
圣尼琉特立亚(Saint Eleutheria)	一八二——一九三
圣微克忒(Saint Victor)	一九三——二〇三
圣则非赖那斯(Saint Zephyrinus)	二〇三——二二〇
圣卡力克斯塔斯(Saint Calixtus)	二二一——二二七
圣乌尔班(Saint Urban)	二二七——二三三
圣逢替安鲁斯(Saint Pontianus)	二三三——二三八
圣安忒鲁斯(Saint Anterus)	二三八——二三九
圣费边(Saint Fabian)	二四〇——二五三
圣哥尼留(Saint Cornelius)	二五四——二五五
圣路萧(Saint Lucius)	二五五——二五七
圣史梯芬(Saint Stephen)	二五七——二六〇
圣息克斯塔斯第二(Saint Sixtus Ⅱ)	二六〇——二六一
圣狄奥尼素(Saint Dionysius)	二六一——二七二
圣非力克斯(Saint Folix)	二七二——二七五
圣攸替尼安鲁斯(Saint Entychianus)	二七五——二八三
圣克雅斯(Saint Caius)	二八三——二九六
圣马塞尔鲁斯(Saint Marcellinus)	二九六——二〇四
圣马塞拉斯(Saint Marcellus)	三〇八——三〇九
圣攸西北阿斯(Saint Eusebius)	三〇九——三一一

圣米太雅弟(Saint Miltiades)	三一一—三一四
圣昔尔维斯德(Saint Silvester)	三一四—三三七
圣马卡斯(Saint Marcus)	三三七—三四〇
圣朱理亚(Saint Julius)	三四一—三五二
利北里乌斯(Liberius)	三五二—三六三
圣非力克斯第二(Saint Felix II)	三六三—三六五
圣达马萨(Saint Damasus)	三六六—三八四
圣赛立西阿斯(Saint Siricius)	三八四—三九八
圣阿那斯退细阿(Saint Anastasius)	三九九—四〇二
圣伊洛森(Saint Innocent)	四〇二—四一七
圣左息马斯(Saint Zosimus)	四一七—四一八
圣波利伐(Saint Boniface)	四一八—四二三
圣塞勒斯太因(Saint Celestine)	四二三—四三二
圣息克斯塔斯第三(Saint Sixtus III)	四三二—四四〇
圣利奥(Saint Leo)	四四〇—四六一
圣喜雷立阿斯(Saint Hilarius)	四六一—四六八
圣辛普利夏(Saint Simplicius)	四六八—四八三
圣非力克斯第三(Saint Felix III)	四八三—四九二
圣机雷细阿斯(Saint Gelasius)	四九二—四九六
圣阿那斯退细阿第二(Saint Anastasius II)	四九六—四九八
圣塞孟马可斯(Saint Symmachus)	四九八—五一四
圣和耳米斯达斯(Saint Hormisdas)	五一四—五二三

圣约翰(Saint John)	五二三—五二六
圣非力克斯第四(Saint Felix Ⅳ)	五二六—五三〇
波利伐第二(Boniface Ⅱ)	五三〇—五三二
约翰第二(John Ⅱ)	五三二—五三五
圣阿加皮塔斯(Saint Agapetus)	五三五—五三六
圣昔尔维里阿斯(Saint Silverius)	五三六—五三八
维吉力阿斯(Vigilius)	五三八—五五五
皮雷吉阿斯第一(Pelagius Ⅰ)	五五五—五六〇
约翰第三(John Ⅲ)	五六〇—五七三
本泥狄克特第一(Benedict Ⅰ)	五七四—五七八
皮雷吉阿斯第二(Pelagius Ⅱ)	五七八—五九〇
圣革黎归(Saint Gregory)	五九〇—六〇四
萨布尼亚路斯(Sabinianus)	六〇四—六〇六
波利伐第三(Boniface Ⅲ)	六〇七
圣波利伐第四(Saint Boniface Ⅳ)	六〇八—六一五
圣得奥特塔斯(Adeodaties)	六一五—六一九
波利伐第五(Boniface Ⅴ)	六一九—六二五
霍洛留第一(Honorius Ⅰ)	六二五—六三八
塞佛里路斯(Severinus)	六四〇
约翰第四(John Ⅳ)	六四〇—六四二
狄奥多鲁斯(Theodorus)	六四二—六四九
圣马丁(Saint Martin)	六四九—六五五

第一章 政教冲突

圣犹其尼阿斯(Saint Eugenius)　　　　　　六五五—六五六

圣微塔利安鲁斯(Saint Vitaianus)　　　　　六五七—六七二

圣亚得奥特塔斯(Adeodatus)　　　　　　　六七二—六七六

多蒙鲁斯(Domnus)　　　　　　　　　　　六七六—六七八

圣阿加吞(Saint Agathon)　　　　　　　　　六七八—六八二

圣利奥第二(Saint Leo Ⅱ)　　　　　　　　六八二—六八三

圣本尼狄克特第二(Saint Benedict Ⅱ)　　六八四—六八五

约翰第五(John Ⅴ)　　　　　　　　　　　六八五—六八六

科伦(Conon)　　　　　　　　　　　　　　六八六—六八七

圣塞泽阿斯(Saint Sergius)　　　　　　　　六八七—七〇一

约翰第六(John Ⅵ)　　　　　　　　　　　七〇一—七〇五

约翰第七(John Ⅶ)　　　　　　　　　　　七〇五—七〇七

西维尼乌斯(Sivinnius)　　　　　　　　　　　　　　七〇八

君士坦丁(Constantine)　　　　　　　　　七〇八—七一五

圣革黎归第二(Saint Gregory Ⅱ)　　　　　七一五—七三一

圣革黎归第三(Saint Gregory Ⅲ)　　　　　七三一—七四一

圣札卡赖阿斯(Saint Zacharias)　　　　　　七四一—七五二

第二期

史梯芬第二(Stephen Ⅱ)　　　　　　　　　　　　七五二

圣史梯芬第三(Saint Stephen Ⅲ)　　　　　七五二—七五七

圣保罗(Saint Paul)　　　　　　　　　　　七五七—七六七

史梯芬第四(Stephen Ⅳ)　　　　　　　　　七六八—七七一

亚得里安第一(Adrian Ⅰ)　　　　　　　　七七一—七九五

圣利奥第三（Saint Leo Ⅲ）	七九五—八一六
史梯芬第五（Stephen Ⅴ）	八一六—八一七
圣巴斯噶（Saint Pascal）	八一七—八二四
犹其尼阿斯第二（Eugenius Ⅱ）	八二四—八二七
伐伦泰纳（Valentinus）	八二七
革黎归第四（Gregory Ⅳ）	八二七—八四三
塞泽阿斯第二（Sergius Ⅱ）	八四四—八四七
圣利奥第四（Saint Leo Ⅳ）	八四七—八五五
本尼狄克特第三（Benedict Ⅲ）	八五五—八五八
圣尼哥拉第一（Saint Nicholas Ⅰ）	八五八—八六七
亚得里安第二（Adrian Ⅱ）	八六七—八七二
约翰第八（John Ⅷ）	八七二—八八二
马丁第一（Martin Ⅰ）	八八二—八八四
亚得里安第三（Adrian Ⅲ）	八八四—八八五
史梯芬第六（Stephen Ⅵ）	八八五—八九一
佛尔摩索斯（Formosus）	八九一—八九六
波利伐第六（Boniface Ⅵ）	八九六
史梯芬第七（Stephen Ⅶ）	八九六—八九七
罗曼鲁斯（Romanus）	八九七—八九八
狄奥多鲁斯第二（Theodorus Ⅱ）	八九八
约翰第九（John Ⅸ）	八九八—九〇〇
本尼狄克特第四（Benedict Ⅳ）	九〇〇—九〇三
利奥第五（Leo Ⅴ）	九〇三

第一章 政教冲突

克利斯多福(Christopher)	九〇三—九〇四
塞泽阿斯第三(Sergius Ⅲ)	九〇四—九一一
何那斯退细阿第三(Anastasius Ⅲ)	九一一—九一三
兰顿尼乌斯(Landonius)	九一三—九一四
约翰第十(John Ⅹ)	九一五—九二八
利奥第六(Leo Ⅵ)	九二八—九二九
史梯芬第八(Stephen Ⅷ)	九二九—九三一
约翰第十一(John Ⅺ)	九三一—五三六
利奥第七(Leo Ⅶ)	九三六—九三九
史梯芬第九(Stephen Ⅸ)	九三九—九四二
马丁第二(Martin Ⅱ)	九四三—九四六
阿加皮塔斯第二(Agapetus Ⅱ)	九四六—九五六
约翰第十二(John Ⅻ)	九五六—九六三
利奥第八	九六三—九六四
本尼狄克特第五(Benedict Ⅴ)	九六四—九六五
约翰第十三(John ⅩⅢ)	九六五—九七二
本尼狄克特第六(Benedict Ⅵ)	九七二—九七三
多蒙鲁斯第二(Domnus Ⅱ)	九七三
本尼狄克特第七(Benedict Ⅶ)	九七五—九八四
约翰第十四(John ⅩⅣ)	九八四—九八五
波利伐第七(Boniface Ⅶ)	九八五
约翰第十五(John ⅩⅤ)	九八五—九九六

约翰第十六(John XVI)	九九六
革黎归第五(Gregory V)	九九六—九九九
约翰第十七(John XVII)	九九九
昔尔维斯第二(Silvester II)	九九九—一〇〇三
约翰第十八(John XVIII)	一〇〇三
约翰第十九(John XIX)	一〇〇三—一〇〇九
塞泽阿斯第四(Sergius IV)	一〇〇九—一〇一二
本尼狄克特第八(Benedict VIII)	一〇一二—一〇二四
约翰第二十(John XX)	一〇二四—一〇三三
本尼狄克特第九(Benedict IX)	一〇三三—一〇四四
革黎归第六(Gregory VI)	一〇四四—一〇四六
克力门第二(Clement II)	一〇四六—一〇四七
达马萨第二(Damasus II)	一〇四八
圣利奥第九(Saint Leo IX)	一〇四九—一〇五四
微克忒第二(Victor II)	一〇五五—一〇五七
史梯芬第十(Stephen X)	一〇五七—一〇五八
本尼狄克特第十(Benedict X)	一〇五八—一〇五九
尼哥拉第二(Nicholas II)	一〇五九—一〇六一
亚历山大第二(Alexander II)	一〇六一—一〇七三

第三期

| 圣革黎归第七(Saint Gregory VII) | 一〇七三—一〇八五 |
| 微克忒第三(Victor III) | 一〇八七 |

第一章 政教冲突 ·143·

乌尔班第二(Urban)	一〇八八——一〇九九
巴斯噶第二(Bascal Ⅱ)	一〇九九———一八
机雷细阿斯第二(Gelosius Ⅱ)	———一八——一九
卡力克斯塔第二(Calixtus Ⅱ)	———一九——二四
霍洛留第二(Honorius Ⅱ)	——二四——三〇
伊洛森第二(Innocent Ⅱ)	——三〇——四三
塞勒斯太因第二(Celestine Ⅱ)	——四三——四四
路求第二(Lucius Ⅱ)	——四四——四五
犹其尼阿斯第三(Eugenius Ⅲ)	——四五——五三
阿那斯退细阿第四(Anastasius Ⅳ)	——五三——五四
亚德里安第四(Adrian Ⅳ)	——五四——五九
亚历山大第三(Alexander Ⅲ)	——五九——八一
路求第三(Lucius Ⅲ)	——八一——八五
乌尔班第三(Urban Ⅲ)	——八五——八七
革黎归第八(Gregory Ⅷ)	——八七
克力门第三(Clement Ⅲ)	——八七——九一
塞勒斯太因第三(Celestine Ⅲ)	——九一——九八
伊洛森第三(Innocent Ⅲ)	——九八——二一六
霍洛留第三(Honorius Ⅲ)	一二一六——二二七
革黎归第九(Gregory Ⅸ)	一二二七——二四一
塞勒斯太因第四(Celestine Ⅳ)	一二四一
伊洛森第四(Innocent Ⅳ)	一二四三——一二五四

亚历山大第四（Alexander Ⅳ）	一二五四——一二六一
乌尔班第四（Urban Ⅳ）	一二六一——一二六四
克力门第四（Clement Ⅳ）	一二六五——一二六八
革黎归第十（Gregory Ⅹ）	一二七一——一二七六
伊洛森第五（Innocent Ⅴ）	一二七六
亚德里安第五（Adrian Ⅴ）	一二七六
约翰第二十一（John ⅩⅩⅠ）	一二七六——一二七七
尼哥拉第三（Nicholas Ⅲ）	一二七七——一二八〇
马丁第四（Martin Ⅳ）	一二八〇——一二八五
霍洛留第四（Honorius Ⅳ）	一二八五——一二八七
尼哥拉第四（Nicholas Ⅳ）	一二八八——一二九二
圣塞勒斯太因第五（Saint Celestine Ⅴ）	一二九四
波利伐第八（Boniface Ⅷ）	一二九四——一三〇三
本尼狄克特第十一（Benedict Ⅺ）	一三〇三——一三〇四

第四期

亚威农教皇（一三〇九——一三七七）

克力门第五（Clement Ⅴ）	一三〇五——一三一四
约翰第二十二（John ⅩⅩⅡ）	一三一六——一三三四
本尼狄克特第十二（Benedict Ⅻ）	一三三四——一三四二
克力门第六（Clement Ⅵ）	一三四二——一三五二
伊洛森第六（Innocent Ⅵ）	一三五二——一三六二
乌尔班第五（Urban Ⅴ）	一三六二——一三七〇
革黎归第十一（Gregory Ⅺ）	一三七〇——一三七八

西方大分裂时期(一三七八——一四四九)
亚威农教皇

克力门第七(Clement Ⅶ)	一三七八——一三九四
本尼狄克特第十三(Benedict ⅩⅢ)	一三九四——一四一五
非力克斯第五(Felix Ⅴ)	一四三九——一四四九

罗马教皇

乌尔班第六(Urban Ⅵ)	一三七八——一三八九
波利伐第九(Boniface Ⅸ)	一三八九——一四〇四
伊洛森第七(Innocent Ⅶ)	一四〇四——一四〇六
革黎归第十二(Gregory ⅩⅡ)	一四〇六——一四〇九
亚历山大第五(Alexander Ⅴ)	一四〇九——一四一〇
约翰第二十三(John ⅩⅩⅢ)	一四一〇——一四一五
马丁第五(Martin Ⅴ)	一四一七——一四三一
犹其尼阿斯第四(Eugenius Ⅳ)	一四三一——一四四七

统一恢复(一四四九)

尼哥拉第五(Nicholas Ⅴ)	一四四七——一四五五
卡力克斯塔第三(Calixtus Ⅲ)	一四五五——一四五八
庇护第二(Pius Ⅱ)	一四五八——一四六四
保罗第二(Paul Ⅱ)	一四六四——一四七一
息克斯塔斯第四(Sixtus Ⅳ)	一四七一——一四八四
伊诺森第八(Innocent Ⅷ)	一四八四——一四九二
亚历山大第六(Alexander Ⅵ)	一四九二——一五〇三
庇护第三(Pius Ⅲ)	一五〇三

朱理亚第二(Julius Ⅱ)	一五〇三——一五一三
利奥第十(Leo Ⅹ)	一五一三——一五二一
亚得里安第六(Adrian Ⅵ)	一五二二——一五二三
克力门第七(Clement Ⅶ)	一五二三——一五三四
保罗第三(Paul Ⅲ)	一五三四——一五四九
朱理亚第三(Julius Ⅲ)	一五五〇——一五五五
马塞拉斯第二(Marcellus Ⅱ)	一五五五

第五期

保罗第四(Paul Ⅳ)	一五五五——一五五九
庇护第四(Pius Ⅳ)	一五五九——一五六五
圣庇护第五(Saint Pius Ⅴ)	一五六六——一五七二
革黎归第十三(Gregory ⅩⅢ)	一五七二——一五八五
息克斯塔斯第五(Sixtus Ⅴ)	一五八五——一五九〇
乌尔班第七(Urban Ⅶ)	一五九〇
革黎归第十四(Gregory ⅩⅣ)	一五九〇——一五九一
伊洛森第九(Innocent Ⅸ)	一五九一
克力门第八(Clement Ⅷ)	一五九二——一六〇五
利奥第十一(Leo Ⅺ)	一六〇五
保罗第五(Paul Ⅴ)	一六〇五——一六二一
革黎归第十五(Gregory ⅩⅤ)	一六二一——一六二三
乌尔班第八(Urban Ⅷ)	一六二三——一六四四
伊洛森第十(Innocent Ⅹ)	一六四四——一六五五
亚历山大第七(Alexander Ⅶ)	一六五五——一六六七

第一章 政教冲突 ·147·

克力门第九(Clement Ⅸ)	一六六七——一六六九
克力门第十(Clement Ⅹ)	一六七〇——一六七六
伊洛森第十一(Innocent Ⅺ)	一六七六——一六八九
亚历山大第八(Alexander Ⅷ)	一六八九——一六九一
伊洛森第十二(Innocent Ⅻ)	一六九一——一七〇〇
克力门第十一(Clement Ⅺ)	一七〇〇——一七二一
伊洛森第十三(Innocent ⅩⅢ)	一七二一——一七二四
本尼狄克特第十三(Benedict ⅩⅢ)	一七二四——一七三〇
克力门第十二(Clement Ⅻ)	一七三〇——一七四〇
本尼狄克特第十四(Benedict ⅩⅣ)	一七四〇——一七五八
克力门第十三(Clement ⅩⅢ)	一七五八——一七六九
克力门第十四(Clement ⅩⅣ)	一七六九——一七七四
庇护第六(Pius Ⅵ)	一七七五——一七七九
庇护第七(Pius Ⅶ)	一八〇〇——一八二三
利奥第十二(Leo Ⅻ)	一八二三——一八二九
庇护第八(Pius Ⅷ)	一二八九——一八三〇
革黎归第十六(Gregory ⅩⅥ)	一八三一——一八四六
庇护第九(Pius Ⅸ)	一八四六——一八七八
利奥第十三(Leo ⅩⅢ)	一八七八——一九〇三
庇护第十(Pius Ⅹ)	一九〇三——一九一四
本尼狄克特第十五(Benedict ⅩⅤ)	一九一四——一九二二
庇护第十一(Pius Ⅺ)	一九二二

第二章　十字军

第一节　第一次十字军

"和黑暗时期有别之中古时代始于首次的十字军,而十字军则实为封建化的新欧洲之惊人冲动。"①

"初次向东而动者,非真正之军队也,实几大群未受训练之民众耳,先沿多恼河而建,然后南趋君士坦丁堡。是即世人所称之'民众十字军'也。夫以乌合之众,实际上无首领之统率,仅受一种观念之鼓动,踊跃而来,诚可谓为有史以来之创举。""继此第一次在欧洲近世史中出现而遭不幸之民众而起者,有一〇九七年有组织之师,是为第一次十字军。"②

忆自亚拉伯人于七世纪占领耶路撒冷后,除开为欧洲门户之东罗马与西班牙常与亚拉伯人有冲突外,一般耶教

---

① 见钱端升译《英国史》。
② 见汉译英国威尔斯《世界史纲》。

徒与亚拉伯人俱能相安无事。至十一世纪(一〇七八)自塞尔柱(Seljuk)土耳其人据巴勒斯登以后,耶教徒之朝谒圣地者,遂常受其凌害。教皇革黎归第七亦尝有意兴十字军,乃当时正政教冲突最激烈之时,致未集全力以进行。一〇九五年十一月,教皇乌尔班第二开宗教大会于法国克拉蒙(Clermont)地方,其主要议案本为惩戒法王腓力布第一,及改革法国之教会;迨最末述及巴勒斯登耶教徒之痛苦,提倡与十字军以讨异端,于是听众皆一致应声曰:"此乃神意。"

"十字军东征之热心,自始即混有卑下之原质。"[1]十字军人中有失业者、破产者、无赖流氓、逃僧、逸匪等无论矣,即以乌尔班第二之讲演而论,亦谓圣地遍地乳蜜,此殆明明一种诱骗之辞。再就朝谒圣地者之心理分析之,亦殊可推敲。所谓朝谒圣墓,盖所以免除罪过,而有升天之机会;今土耳基人阻碍朝谒,是无异禁闭登天之门,将使有罪者永远不得超拔。由此言之,十字军人之解放圣地,其为自身实较多于为圣地也。考当时西欧环境,一〇九四年及一〇九五年实大疫大饥秩序骚然之时,故东征之人,前仆后继,有如近世群众趋赴新发见之黄金矿区者然。虽然,凡此种种,皆不甚重要。"人类史家所注意者,则在乎'此远征意志'之突然发现,为人事中新生之群

---

[1] 见汉译英国威尔斯《世界史纲》。

力也。"①

"民众十字军"之领导者为遁世之彼得(Peter the Hermit)及一穷骑士不名一钱之瓦尔特(Walter the Penniless)。民众不耐等候有组织之封建十字军,旋即循多恼河经匈牙利而前进,抵君士坦丁堡,东帝亚立西(Alexius)立命运赴小亚细亚;转瞬之间,此辈无纪律之民众悉被土耳基人歼灭,惟遁世之彼得仅偕少数幸存者得返君士坦丁堡。此次十字军为第一次正式十字军之前驱,所有参与之者,明知不能作战,仅凭一片热忱以冀达其大愿,其意亦殊可嘉已。

正式十字军计分四队:第一队为北部法人与洛林人,由布雍高弗黎(Godfrey of Bouilion)及其弟鲍尔文(Baldwin)统率之;第二队为中部法人与诺尔曼人,由法王腓力布第一之弟维尔芒休哥(Hugh of Vermandois)及诺曼底公短腿罗伯(Robert Conrteheuse)统率之;第三队为南部法人,由都鲁斯(Toulouse)伯海孟(Raymond)统率之;第四队为意大利诺曼人,由波西孟(Bohemond)及汤克德(Tancred)统率之。

正式十字军既渡博斯福鲁(Bosphorus),旋即围攻尼西亚(Nicaea),乃希腊人与土耳基人私相结纳而置十字军人于不顾,正式十字军遂奋力冲破土军继续向南推进。十字军抵西里西亚(Cilicia),颇受亚美尼亚(Armenia)耶

---

① 见汉译英国威尔斯《世界史纲》。

教徒之优遇与援助,旋即向富而且巨之安地油失(Antioch)前进而围攻之。围攻此城约费一年之时间,特一般领袖竟为政治利益而置十字军之目的于脑后,卒因群众哗噪始不得已再向圣地而进。

十字军迫耶路撒冷时仅四万人。一〇九九年七月十五日陷其城,此正耶稣遭难之日也。十字军共在东方建设四大领地:(一)伊得萨(Edessa)伯领,由鲍尔文组织之;(二)安地油失亲王领,由波西孟辖治之;(三)的黎波里(Tripoli)伯领,由海孟治理之;(四)耶路撒冷王国,归最得军心之高弗黎统驭之。耶路撒冷王国对于其他领地本有一种宗主权,但在实际上徒有一种空名而已。

十字军之兴起,为宗教热狂、理性停歇之表现,又为教皇权力极盛之表现。第一次十字军,人数众多,民气激昂,卒达到目的,此实可称之为真正十字军。

第二节　以后之十字军

第一次十字军所建设之各邦极缺乏统一与联络。一一四四年,伊得萨伯领又为土耳基人所陷落。第二次军兴之原动力为圣伯纳(Saint Bernard)其人;参与之者,一为德皇康拉第三,一为法王路易第七。此次远征(一一四七——一一四九)之规模远较第一次为宏壮,然其热心与成就则大逊矣。

各耶教亲王仍不能合作,而对面则有一整个庞大之回教国家。萨拉丁(Saladin)因愤耶教骑士之劫掠行为,遂大肆宣传哲哈德(Jehad)。此种哲哈德之激起回教世界感情,几与第一次十字军激起耶教世界感情相等。一一八七年耶路撒冷复陷,于是欧洲遂有第三次十字军之兴起(一一八九——一一九二)。是举规模亦颇宏大,主持其事者有德皇红须弗勒德勒、法王腓力布第二及英王狮心理查,故人称之为帝王十字军(King's Crusade)。此次十字军始终未能收复耶路撒冷,而此次十字军之性质则有足述者:(一)过去之信心与骑士情愫,已渐为政治欲望与经济企图所代替。如法王腓力布第二即无丝毫朝谒者之信念,其赴圣地,殆纯为其私人之利益。至于意大利诸城市,如威尼斯、热那亚、比萨等,其对于十字军,但视为扩张商业与增加销场之一机会耳。(二)作战方法亦多所改变。此次十字军之武器曾加以组织,而路线亦改由海道。(三)过去之仇视亦大为减杀。萨拉丁与狮心理查即互以风雅相竞尚,理查且为萨拉丁之侄行骑士典礼。

第四次十字军(一二〇二——一二〇四)尤为奇特而有趣。此次十字军始于香宾戏斗之中,故卢舍(Luchaire,一八四六——一九〇八)谓:"十字军已变为一种有名之户外运动矣。"十字军原定攻埃及,商威尼斯人借用船只;但十字军无力缴纳运费,威尼斯人遂请其代攻为匈牙利人强据之撒拉(Zara)。撒拉既下,十字军似可启椗东向以完其神圣责任矣。乃东罗马废帝以撒克第二(Isaac Ⅱ)之子亚立西（Alexius）又向十字军求助，请其代为驱逐篡位之亚立西第三。及以撒克既复位（一二〇三年七月），其子不能付出所许之酬金，希腊人与拉丁人复常有冲突，同时东帝国内部亦发生革命（一二〇四），竟推翻以撒克父子，十字军遂起而进攻君士坦丁堡而占有之。此后十字军领袖，或为拉丁帝国皇帝，或为马其顿国王，或为雅典之公，或为德萨里（Thessalia）之侯。至于解放圣地之事，则已置诸脑后而不复念及之矣。

第四次十字军结果虽如彼，而教皇伊洛森第三仍继续宣传十字军（一二一五）。第五次十字军之应命者仅匈牙利王安得烈第二（Andrew Ⅱ）其人。安得烈一度攻叙里亚后，即认为责任已尽，旋返欧洲（一二一七）。一二一八年，耶路撒冷王约翰布里恩（Joln of Brienne）攻埃及，径侵入达米伊塔（Damietta），结果仍放弃该地而率残兵遄返巴勒斯登（一二二一）。

第六次十字军（一二二八——一二二九）亦极奇妙。德皇弗勒德勒第二不胜教皇之催逼，乃率军赴圣地。但弗勒德勒并不与回人作战，反与回人订立十年休战之约，惟根据此约，耶教徒得自由朝谒圣墓。弗勒德勒又在耶路撒冷举行一种毫无宗教气习之加冕典礼，并大宴回人领袖。迨返意大利，即积极驱逐教皇之军队于境外，并与教皇构结永不可解之仇视（参看第四编第一章第三节第四段）。

第七次十字军(一二四八——一二五四)与第八次十字军(一二七〇)为法王路易第九所主持。第一次路易被俘于埃及,一二五〇年始赎回。第二次出征先到突尼斯,不幸竟染疫而死。

十字军前后共计八次,历时约亘两世纪(一〇九六——一二七〇),而其中可称重要或有趣者,厥惟第一次与第四次。第一次之成就最宏,卒达到军兴之目的;第四次则抛弃目的,乃竟推翻与十字军毫无关系之东罗马帝国。在第四次与第五次之间,曾发生一骇人听闻之事,即所谓一二一二年之童子十字军(Children's crusade)。此辈童子抵马赛即被人鬻为奴隶,此亦十字军中之一页悲哀史也。其余各次十字军,皆无多大价值,皆不过户外运动、长途旅行、武装朝谒、军事游历而已。故威尔斯谓:"第一次十字军有似美洲之发现,其后诸次仅如横渡大西洋之旅行。……彼圣路易在埃及之经验,已不似有利人类之新经验,颇类名场上作棍球之戏,不幸而扫兴耳。此盖常事之一。人生兴趣已另向他方矣。"

第三节 骑士团

希腊、罗马均有骑士阶级,但与中古之骑士制度不同。中古骑士制度发展于封建区域中,欲确定其根源与性质,殊非易事。亦有以日耳曼部落举行授受军械典礼为中古骑士制度之根源者。中古之骑士制度实非一种制度,特中古社会中之一种具体化理想耳。教会与诗人曾为之悬示一种最高目的,但在实际上一般骑士能达到之者殊鲜。

在习惯上,凡欲为骑士者,须先在贵族家中充当随从(Page),同时亦练习武技并学习礼仪。至二十一岁,即可举行骑士典礼。骑士典礼多举行于礼拜堂中,或在宫堡院落中,或在乡间露天之下,贵族为骑士行典礼时,皆作以下之辞句:"余以上帝之名义使汝成为骑士";并附嘱曰:"务须忠勇。"教会参与骑士典礼甚早,几视之为教会中之第八种仪节。

当十字军兴时,骑士之风甚盛,故在第一次十字军成功之后,即有若干骑士团体产生。此种团体为宗教而军事之结社,其精神实兼修道士与兵士而有之。此种团体皆服从教会规则,除遵守服从、清贫、不娶三条件外,并须忠于作战以保护朝拜圣地者。当时兴起之重要骑士团体,共有三种:(一)医院骑士团(Hospitalers);(二)神庙骑士团(Templars);(三)条顿骑士团(Teutonic Knights)。

医院骑士团之发端,始于亚马非(Amalfi)商人在耶路撒冷所创之朝拜医院(Hospital of Pilgrim)。自十字军攻下圣城后(一〇九九),朝拜医院中人便于教会规则之外增加捍卫朝拜者一项,即于僧衣之内并着骑士铁甲也。一二九〇年,巴勒斯登被回人占领后,医院骑士团遂移居塞普洛斯岛(Cyprus),继于一三一〇年移于罗得岛

(Rhodes)。此后又于一五三〇年迁于马耳他岛(Malta)。

神庙骑士团创于一一一八年,其所以自称神庙骑士者,一则因其驻地邻近沙罗门(Salomon)庙址,再则因此辈骑士自视为神庙之保护者也。此辈除遵守教会规则外,并须承认常常有作战之义务,不仅一人须抵抗三人,且无论如何不应投降敌人或纳金自赎。在十字军兴时期中,神庙骑士团效劳独多,因此一般人捐赠金钱及土地于该团者极夥。自巴勒斯登正式失陷后,该团即移于塞浦洛斯岛,最后则迁居于巴黎。此团之势力既巨,又因沾染东方之习惯甚久,举措不免骄纵,因此反对之者极众,即教皇伊洛森第三亦责该团容纳恶人之非是。法王腓力布第四忌其多金,遂乘舆论之攻击捏造证据没收该团在法国之财产,团员则被焚而死或瘐死于狱中(一三〇七)。

条顿骑士团为卢卑克(Lubeck)及不来梅(Bremen)之中产阶级所创建:一一二八年,先在耶路撒冷建一医院以收容十字军人之膺病者与负伤者;不久,亦效医院骑士与神庙骑士出而作战。一一九〇年,德帝红须弗勒德勒之子士威比亚弗勒德勒(Frederick of Swabia)为围攻亚克(Acre),始将该团正式加以组织。自亚克失陷后,该团遂迁居于威尼斯(一二九一),继移于马央堡(Marienburg,一三〇九)。十四世纪时,该团之统治力曾及于爱沙尼亚(Esthonia)、里窝尼亚(Livonia)及库尔兰(Courland)一带。该团常与波兰及立陶宛(Lithunia)构衅,至十五世纪初竟大败于波兰人,结果仅能保有东普鲁士而为波兰之附庸。一五二五年,白郎丁堡亚尔伯尔(Albert of Brandenburg)改宗新教,于是抛弃团长之头衔而自称普鲁士世袭之公。在近古期中赫赫有名之普鲁士,其发源即基于此。

骑士团在十字军兴期中极有势力,以后即随封建制度之衰微而渐失其重要性;迨火器输入欧洲,于是骑士团更遭一致命之打击。但骑士风习影响于欧人之生活甚大,其对于封建制度,尤为之增色不少。故迈尔氏(Myers)称之为封建之花。

第四节　十字军影响

十字军本身可谓毫无结果:第一次十字军成功之后,教皇之势力顿然为之增高;最后圣地沦陷竟终无法恢复,于是教皇之地位遂不免随之而低落。过此以后不久,教皇且被携至亚威农。使各次十字军皆能如第一次之热烈奋发,教皇之势力或能继续维持,或不至遭受"巴比伦俘囚"之辱!

十字军本身虽无结果,而其影响所及则甚大。盖十字军除去宗教性质,实为一种民族财货大移转,实不啻一种民众教育大运动。过去之欧洲人,大都安土重迁;自随十字军到东方后,欧人与叙利亚人及亚美尼亚人缔婚者触目皆是。至于日常生活,昨日之意大利人或法兰西人今已变为巴勒斯登人或叙利亚人矣。十字军人多来自僻壤，其平日见闻所及，除当地之村落、城堡以外，实一无所知。至是忽置身于巨城之中，立足于异族之内，耳目所触，无不唤起心神之惊奇，观念更新，自然促进思想之变化。故十字军之役，实无异一种民众教育大运动。

十字军在东方耗费大力所建之耶教国家虽未能延续至两世纪，而十字军在他方面所发生之政治影响却甚大。教皇与法王路易第九为夹击回人计，曾遣使臣至蒙古修好，是政治世界因十字军之役而扩张也。在欧洲方面，国王与人民亦极受十字军运动之利益，盖盗匪尽去，秩序因露出曙光，诸侯尽去，封建遂失掉灵魂。当诸侯出发赴十字军之时，因旅费之需要，多售卖田产或出售自由于农民，累世备受限制之农民，至是竟获解放。所有因诸侯去而不返或作战死亡之无主封土，国王皆一一收为王室领地，是诸侯因十字军而势衰，而国王则因十字军而势增也。此外如东罗马之生命，在回人进展前已日处于风雨飘摇之中，自十字军兴不与回人以休息，回人之进展因而中止，而东罗马之国脉得以延续。

东西商业关系亦因十字军往还而密切。所有欧洲所无之物品，如棉、米、蔗等，皆由东方输入欧洲；其他如丝绸、香料、樟脑、麝香、珍珠、象牙，亦由回人运至巴勒斯登，再由意大利商人转运欧洲。故当时热那亚、威尼斯、比萨诸城之商人，俨如地中海之伯主。十字军人在十字军中毫无所得，而意大利商人却因十字军之役而致富。同时东方奢侈之风，亦随十字军人传入欧洲。

十字军既使西欧民族接近希腊世界与回教世界,于是各民族之思想观念逐渐脱离孤立生活而大扩张。各民族既见东方文明,遂亦不满意城堡生活而需要较宽大之生命。此种需要即自由,卒得之于因十字军而兴起之城市之中。西欧受十字军之影响确不在小,近古期中之文化确赖以加速促进,至少提前一二世纪。

耶路撒冷国王系统表

高弗黎(Godfrey)	一〇九九——一一〇〇
鲍尔文第一(Baldwin Ⅰ)	一一〇〇——一一一八
鲍尔文第二(Baldwin Ⅱ)	一一一八——一一三一
安如佛尔克(Fulk of Anjou)	一一三一——一一四四
鲍尔文第三(Baldwin Ⅲ)	一一四四——一一六二
阿马勒(Amauri)	一一六二——一一七三
鲍尔文第四(Baldwin Ⅳ)	一一七三——一一八五
鲍尔文第五(Baldwin Ⅴ)	一一八五
吕晋永盖(Guy of Lusignan)	一一八六——一一九二
香宾亨利(Henry of Champagne)	一一九二——一一九七
吕晋永阿马勒(Amauri of Lusignan)	一一九七——一二一〇
约翰布里恩(John of Brienne)	一二一〇——一二二九
弗勒德勒第二(Frederick Ⅱ)	一二二九——一二三九

拉丁帝国皇帝系统表

鲍尔文第一(Baldwin Ⅰ of Flanders)	一二〇四

亨利（Henry of Flanders） 一二○五

彼得（Peter of Courtenay） 一二一六

罗伯（Robert of Courtenay） 一二一九

鲍尔文第二（Baldwin Ⅱ） 一二二八

约翰布里恩（John of Brienne） 一二三一

鲍尔文第三（Baldwin Ⅲ） 一二三七

一二六一

尼西亚东帝系统表

狄奥多拉斯加立司（Theodore Lascaris） 一二○五

约翰瓦达司（John Vatace） 一二二二

狄奥多拉斯加立司第二（Theodore Lascaris Ⅱ） 一二五五

约翰拉斯加立司（John Lascaris） 一二五九

一二六一

君士坦丁堡恢复后东帝系统表

迈克尔第八（Michael Ⅷ） 一二六一

安德洛赖卡第二（Andronicus Ⅱ） 一二八二

安德洛赖卡第二与迈克尔第九 一二九五

安德洛赖卡第二（第二次独治） 一三二○

安德洛赖卡第三 一三二八

约翰第五（John Ⅴ） 一三四一

约翰第五与约翰第六 一三四七

约翰第五、约翰第六与马太（Mathieu） 一三五五

约翰第五与马太 一三五五

第二章 十字军 ·161·

约翰第五(第二次独治)	一三五六
麦纽尔第二(Manuel Ⅱ)	一三九一
约翰第七	一三九九
约翰第八	一四二五
君士坦丁第十二(Constantine Ⅷ)	一四四八
	一四五三

第五编 中古时代之社会与文化

第一章　宗教社会一瞥

第一节　僧侣在社会上之地位

在中古社会中，僧侣（Clergy）所占之地位极重要。盖当时之僧侣，不但为教会之主持人，且为如今日之市政府、裁判所及学校之负责者。当时僧侣虽亦不免有不称职者及脆弱者，然在暴力与混乱中间，彼辈究为秩序原理之代表，彼辈究曾拯护一部分残余之文化，彼辈究曾努力改进粗暴之风俗并救济弱小之人民。

教会组织在封建时期中与罗马末季相同，每城有一主教（Bishop），所谓城中僧侣之领袖；乡间称附郭区（Paroecia），区有一牧师（Priest）。此辈主教、牧师常与信徒往还，人称之为世俗僧（Secular Clergy），另有一种僧侣长居于修道院（Monastery 或 Abbey）中，皆共同生活于一种确定规则之下，人称此种僧侣为正规僧（Regular Clergy）。正规僧在精神方面普通高于世俗僧。世俗僧对于其职务多视为生产及养家之方法；正规僧则无尘世利益之希望，其行动多出于诚虔信心。

各地奉行同一规则之修道院集合则成一派，如本尼狄克特（Benedict）派、克伦尼（Cluny）派、西多（Citeaux）派、克勒维（Clairvaux）派、沙尔特雷（Chartreux）派等。最早之道院派为本尼狄克特派。本尼狄克特派之主要规则为绝对服从本派领袖，严守清贫，与从事劳作。圣本尼狄克特（Saint Benedict）尝有言曰："闲逸为灵魂之敌。"因此本尼狄克特派僧人每日须读书写字两小时，从事手工七小时。本尼狄克特派之规则几成为各道院派一致之标准，惟关于细节之处彼此略有不同耳。

中古社会本属无知，惟僧侣乃为通人。但大多数宏博之通人皆遁居于修道院中。所有拉丁文学杰作品之获保存，皆赖修道院僧之手钞本；所有中古历史材料之传于吾人者，亦大部分出于修道院僧之纂辑。修道院僧不仅为文化之保存者，并为城市之创建人，盖此辈为逃避尘世，多入深山丛林中选地建筑隐修道院，道院之外则为收容旅客之房舍。修道院僧亦常耕耘附近之地，乡间农民为求得道院之保护亦多来归附之，久之道院附近渐成为村落。

中古僧侣不仅担负讲解教理、主持信仰、司理祭祀、举行仪节等责任而已，并常干预一般生活中之要件，如出生、结婚、死亡等。此类要件在今日皆属于市政府权限之内，而在中古则出生时所举行之洗礼，结婚时赞祝新夫妇，临终时为亡人祷告，悉为僧侣所主持。关于裁判，中古僧侣亦极有势力。在罗马帝国时，主教即有裁判僧侣之权。嗣因教会裁判比世俗裁判较为温和平允，并常取决于证人证物而不主张赌力与神判等方式，一般普通人遂常投诉于教会裁判所，因此教会裁判之范围为之扩张。至于教育，更专为僧侣所把持，因中古之通人仅有僧侣也。教会学校至十三世纪渐渐改为大学，巴黎大学即由此种途径而产生而成立。此外如救济事业，亦为僧侣所创办。盖中古教会常有大量之入款，僧侣即以一部分款项接济穷民、孤儿、寡妇、残废等，至十二三世纪时竟大建病院，虽穷乡僻壤亦多有之。

第二节 教会腐化与改革

教皇自有所谓教皇领地之后，凡为教皇者即同时兼有国王之职权，因此一般热衷之辈莫不觊觎教皇之位以图称快于一时。自九世纪至十一世纪，教皇选举几成为舞弊之机会，操纵之者厥为罗马及其附近之封建诸侯。一〇三三年，狄司居隆（Tusculum）伯即以其十二龄之子为教皇，此即教皇本尼狄克特第九也。教会中心之罗马，其混乱一至于此，故人讥当时罗马为"豺狼盘旋之荒废墓地"。

罗马当地之情形既如此，于是德皇自鄂多第一以来即时常加以干涉，或竟驱逐不称职之教皇。但此种干涉结果，教皇只能由德皇选任，从此代表精神权力之教皇遂一变而为代表世俗权力之皇帝之附庸。忆教皇费尽大力始获脱离东罗马皇帝之控制，不图现在乃又陷身于日耳曼皇帝操纵之下！

以罗马为舞台之混乱，愈演愈变，愈传愈远，直至西欧各地之教会几莫不蒙其影响。各地国王领主之随意支配教会职位，亦如罗马诸侯之随意支配教皇皇冠。主教区之付托于不称职之人，实各地相习成风之举动，九二六年，法王哈乌耳（Raoul）以汉斯（Rheims）大主教职给予维尔芒杜（Vermandois）伯之幼子，即其例也。教会职位不仅被人支配已也，且常被人招摇出售。彼主教既费巨款以得其位，则责望下级牧师之供给，自为必然之事。为牧师者，为应上级教士之需索，自不能不从举行仪节中向人诛求，贿赂公行，相率效尤，此种罪过，教会中人名之为西蒙之罪（Simony）。（参看第四编第一章第二节第一段及第二段）

当时教会除鬻爵之流弊外，尚有一事足以危害教会之财产，此即一般教士公然婚娶是也。教会财产本为公有，教士如其婚娶，必以养子抱孙为目的，如此则公共所有之教产不将变为私人之产业耶？且教士应以纯洁之身奉侍上帝，一旦婚娶，其奉侍必不虔，奉侍不虔，则教士之尊严堕丧矣。

主张改革教会者，其第一步即从事教皇选举之改善。教皇尼哥拉第二（Nicholas）曾于一〇五九年将选举教皇之权付诸教皇阁员（Cardinal）之手，此举显然在排斥皇帝与罗马人民。其意以为教皇选举不改善，其他改革均无从措手也。至于改革全部教会，第一即须禁止教士婚娶；其次则须剥夺君主、诸侯之选任教士权。然此种改革所遇之阻力，自当较改善教皇选举所遇者为巨。盖当时主教职位多为俗人所把持，欲俗人而不婚娶，乌乎可能？又主教多兼伯爵之权利，欲君主、诸侯对于教士不加过问，是何异分裂其封土？此种改革之艰巨，至一〇七三年革黎归第七（Gregory Ⅶ）即教皇位时益形显著，结果酿成教皇与皇帝之斗争。

第三节　异端之兴起

所谓异端（Heresy），即否认教会所宣传之全部或一部分教义，并宣传为教会所排斥之教义者。中古异端特多，但皆因不满意于当时教会之言论行动而始倡立异说，换言之，教会所称之异端即教会中之改革派而已。

阿利阿（Arius，二八〇—三三六）本非洲之一牧师。彼承认耶稣为上帝抚养之子而非亲生之子；否认耶稣之神性，惟"父"为真正之上帝。聂斯托良（Nestorins）为君士坦丁堡之教长，彼谓耶稣为人，圣母玛利非上帝之母，乃耶稣之母。皮雷吉（Pelage，五世纪）亦一教士，彼尝谓亚当（Adam）之死，并非因其傲慢，乃因彼亦生而有死之人；并无所谓原罪，一般小儿之生与亚当及厄娃（Eve）在犯罪以前之生并无区别。一般人生来本无罪，可以由意志之努力，无须恩宠之助，在善境及德行中生存。贝伦基（Berenger，九九八——一〇八八）为都尔（Tours）之神学家，极否认变质及耶稣真正降临之说。以上数人皆为教会中人，而其言论乃如彼，从可知当时教会之不满洽人意，而有心人咸思有以矫正之矣。

十二世纪末及十三世纪初最猖獗之异端发生于法国南部，一为瓦陀亚派（Waldensian），一为亚尔比派（Albigense）。教会扑灭此两派异端，备极惨酷，此实欧洲中古一段离奇之伤心史也。

瓦陀亚派为里昂（Lyon）富商瓦陀亚彼得（Peter Walds）所创。彼得因感于耶稣答一青年之语："售尔财产，分给穷人。"（《马太福音》十九章十六节）彼遂散其所有，从事于门徒贫苦之生活。彼极反对僧侣之广置田产，并谓僧侣无用，凡耶教中人皆可自由译解《圣经》。此派信徒甚众，多散布于法国东南一带。

亚尔比派之名称源于城市亚尔比（Albi），此派中人自称则曰纯洁派（Cathari）。此派相信宇宙中有二上帝，一为创造灵魂之善意上帝，一为锢闭灵魂于肉体中之恶意上帝。耶稣为善意上帝之使者，其责任在救拔被束缚之灵魂。此派又相信轮回，认定人之灵魂可以入于兽身之中，因此此派以杀生肉食为戒。此派之教士称完人，完人应禁肉食，度贫苦生活，并不娶妻。至于一般信徒，则可以随意生活，偶有罪过，亦可由完人解除之。只须完人以手加于信徒之首,则一切罪过立时消除,此种仪节名曰慰安(Consolation)。但慰安在一生中只能一次,因此信徒普通于临终时举行之。

一二〇七年,教皇伊洛森第三请都鲁斯(Toulouse)伯亥孟(Raymond)惩治异端,亥孟置之不理,不久教使且被暗杀(一二〇八)。教皇立下屏除亥孟于教会之外之令,并大宣传出征异端之十字军。北部法人极为踊跃,一小贵族西门孟福(Simon of Montfort)即为出征军之司令。战争计历十八年,战情极其残酷,妇孺皆不能免,甚有全城被屠者。

此次战争显似基于宗教狂热,而其实在宗教性质之外尚含有民族间之敌视。盖北部法人之语言为唯尔(Oil)语系,南部法人为哦克(Oc)语系;彼此语言不同,而风俗又互异,种族虽统称法人,实则不啻两种民族也。南部土地肥腴,生活丰富,商业荣盛,人民乂安,穷愁粗暴之北部法人忌刻其生活,垂涎其财富,固已久矣。独惜法国最开明之地方,经过此次蹂躏之后,元气因之大伤,文化顿然中阻,读史至此,未有不为之长太息者!

教会为永久防止异端,曾于一二二九年设立法院,称神圣异端裁判所(Holy Inquisition)。此种裁判所专事逮捕有嫌疑者及被人告发者。原告与被告不能对面,亦无律师。为逼取供词,裁判所尝采用刑讯。既宣告判决,轻则监禁,重则火焚。二百年后,此种裁判所在西班牙方面尤为盛行。

中古人对于异端何以如此其苛,似难索解。盖当时一般人皆认定教会为维持秩序及文明之利器,而认异端怀疑教会,实一种对于当时社会中最有力之制度之反抗。异端教徒实不啻中古时代之无政府党,加以异端传播甚速,故教会与君主无不竭其全力以扑灭之。

教会本身不加改进,异端终难绝迹。十四世纪牛津大学教授威克列夫(Wiclef 或 Wycliffe,一三二〇——三八四)即以英语译《圣经》;反对教皇向英人征税;攻击教皇兼有精神世俗之权,并攻击教会阶级及僧侣财富;否认真正降临,并反对赎罪券。继其后者有巴拉加(Prague)大学教授约翰胡司(John Huss,一三六九——四一五)。胡司虽被处焚刑,然已为百年后之宗教改革开其端矣。

第四节 托钵僧

当异端十字军兴时,即有两新兴修道院派同时创立,一为佛兰西斯派(Franciscan),一为度明哥派(Dominican)。前者之创立,由于反对僧侣广拥财富之反动精神;而后者之创立,则欲恢复常受异端威胁之信心。两派规则相同,皆以绝对清贫为宏愿;个人不应保有丝毫私产,应以他人之施舍为生活,或自食其力。因此人称此两派修道为托钵僧(Friar)。

佛兰西斯派之创始人为一意大利人名佛兰西斯(Saint Francis)者。佛兰西斯达二十三岁,即抛弃其父之财产而开始乞丐之生活。初人犹以一疯人视之；不久，其友人多为其慈祥之气与热烈信心所感动而愿追随其左右。此辈自称为上帝之诗人（God's troubadours），赤足空手，常往来于意大利中部以讲演福音。至一二一〇年，请求教皇承认其宣道之方式，伊洛森第三初尚犹豫，最后乃正式许之，允其隶于罗马教会管辖之下。

度明哥派之创始人为一西班牙人度明哥（Saint Dominic）。度明哥于一二〇六年赴法国都鲁斯，目睹当地异端之盛行，颇为惊骇。此后彼遂一意以扑灭异端为职志，但同时彼又察知一般世俗僧侣多不注意宗教教育，并忽略宣道之事，彼乃请于教皇，允其创一专事宣道之教派。至一二一五年，此派获得教皇批准，世人遂以创始者之名名之。

在此两新兴教派与旧日教派——本尼狄克特派、克伦尼派等之间，其惟一相同之点，即一般修道士皆服从同一之规则也。但旧教派之修道士皆闲居于修道院中，几与尘世相隔绝，而托钵僧则置身于一般社会之中，皆生活于城市间，与世俗僧侣无异。托钵僧既常与人民相周旋，因此对于人民发生一种绝大之影响，各地宗教生命之复兴，实有赖于此辈。

托钵僧不仅招回宗教之生命已也，彼辈并同时唤起智识之生命。盖度明哥派与佛兰西斯派不久即因其智识之优越而能在各大学中博得噪于一时之声誉。在巴黎大学各教师中,神学教授波诺文都拉(Bonoventura,一二二一——一二七四,意大利人)即为佛兰西斯派,阿奎拿多马斯(Thomas Aquinas,一二二五——一二七四,意大利人)即为度明哥派。其他如萨伏拿罗拉(Savonarola,一四五二——一四九八,意大利改革家),佛拉安琪利科(Fra Angelico,一三八七——一四五五,佛罗伦斯派画家)及佛拉巴多罗买(Fra Bartolommeo,一四六九——一五一七,佛罗伦斯派画家),皆为度明哥派;如罗吉培根(Roger Bacon,一二一四——一二九四,科学家,英人),亦为佛兰西斯派。

托钵僧在中古史中所占之地位极重要,影响所及,大有顽廉懦立之概。教会腐化久矣,经此两新兴教派努力树之风声而后,世俗僧侣已不似前此之骄纵,而一般信徒亦对教会发生相当之希望,因此教皇对于信徒之威信赖以恢复。

第二章 一般之生活

第一节 贵族生活

贵族之来源，或为富有之地主，或为改行政区为私产之旧日王家职官。无论贵族领地之幅员如何，或为一省，或仅数村落，贵族尽可在辖境内行使征税、司法、作战等权，俨然小范围中之元首。贵族之居室曰宫堡（Château），此为城垒，亦即领地之中心。

贵族之主要事务不外作战、戏斗（tournois）及围猎。战争几为当时贵族最快意之事，盖此辈生而武勇，常以死于病榻为忧，因此"无异一兽类"之死也。此辈常借故向邻区寻衅。普通以春季为作战开始期，其作战方法不外毁损敌人之收获，使敌人陷于饥馑。如两方队伍正面冲突时，普通多不努力于屠杀而极注意于俘虏，因俘虏实为一种生产品也。

贵族平居如无作战机会时，则举行戏斗。忆法王腓力布第二时，拉尼苏马伦（Lagny-sur-Marne）地方尝举行戏斗,计由各地而来参加之骑士奚止三千余人。两方布阵于旷野,冲杀极其郑重而激烈。如某方不能支持,即开始追击,田野悉被蹂躏,人马常有牺牲。此种戏斗对于骑士实无异一种野战之实习。在戏斗中所获之俘虏,亦与作战时同,亦须以金钱赎取。此外如俘虏之马匹与甲胄则全归于战胜者。戏斗结果既有如许利益,因此一般贵族多喜度戏斗之生活。

围猎对于贵族,与其谓为一种娱乐,毋宁谓为一种需要。盖当时欧洲各地多未开辟。森林沼泽,触目皆是,大部分土地因陷于不生产之境。用以佐食之肉类产量甚小,因此贵族猎取森林中之野兽借以自养及养人。

宴会在贵族生活中亦极重要,如举行戏斗、结婚等,贵族必大开宴会。宴会历时甚长,中间常参以游戏之事,如大面包中有小鸟,座客每因此离席围猎以增笑乐。座客在入席前必盥手,因当时用餐皆以手指也;用餐之叉在十四世纪时尚属稀有之物,即法王查理第五亦仅有六支而已。餐后助余兴者有音乐家及戏法家;其次为吟诵史诗之浪游歌者;最后则为跳舞,但此种宴会极费金钱,盖一则座客甚众,历时甚长,动辄连续一二星期;再则主人对于来宾须有馈赠,如金银杯、丝衣皮料、甲胄、马匹、猎鸟等。故一般贵族每因举行宴会而陷于支绌之境。

贵族每到拮据时,则向人借贷,或榨取农民,大多数竟直捷了当从事劫掠。凡道经其境内之商人或游历者,无不受其勒索；亦有潜入邻区杀人越货者。中古此类诉苦记载极多，足见当日贵族之从事劫掠几成为一种风习云。

第二节 乡民生活

贵族宫堡之周围皆为农民，农民分农奴与自由农民两种。农奴在十世纪及十一世纪时为数极多，此辈无疑为古代奴隶或罗马末季之侨民之后裔。农奴之生活与其祖先之生活无甚差异。农奴无身体之自由，为土地附属品，非有地主之许诺决不能擅离其地。即结婚一事，亦必须地主之允许始能举行。若欲将所有财产移转于所生之子，亦须向地主缴纳一种课税。倘所生之子未与其父同居，其财产则应由地主承继之。农奴亦有一种权利，即所居之地无论售卖、抵押或赠与，农奴均随之而转移。农奴耕种土地，除向地主缴纳各种税课外，并须代地主耕耘其所保留之地段，名曰徭役（Corvée）；徭役期间之长短，由地主规定之。拉昂（Laon）主教亚达尔拜伦（Adalberon）尝为之叹息曰："此辈苦命人之眼泪与呻吟将永无已时。"

自由农民与农奴不同之处，即自由农民有迁移、结婚、移转财产于其所生之子之自由。自由农民须服兵役，仍须缴纳年金（redevances）与户口税（tailles），并须担任徭役。如收获、售麦及购买物品，均须取得地主之允许。此外如磨麦、榨酒及烘烤面包，均须使用地主之器具，由地主规定手续费,人称此种费用曰通用品独占权(banalites)。

农民之房舍,皆以草泥筑成,异常湫隘,寝食皆在一处。农民之耕具多用木制,因此掘土不深而生产极少,中古饥馑频繁,即此之故。十一世纪七十三年中即有饥荒四十八次。十二世纪末与十三世纪初,计发生饥荒十一次,其中一次约历四年(一一九五——一一九九)。每当饥荒之时,食人之事,时有所闻,且有在市肆中公然出售人肉者,惟所有饥馑并非普遍现象,多为局部荒歉;但道路稀少,救济无方,某地发生灾荒,居民每束手无策,因此其惨状实有不堪言喻者。

农民之第二种灾害即匪患,匪患亦常因饥馑而盛行。普通人纯为生活而劫掠,集队成群,愈裹愈众,有数达三千人者,间有近万人者。每遇战争时,此辈即投身军队;法王腓力布第二与英王狮心理查之军中,皆不乏此辈足迹。平居无事,此辈则劫掠礼拜堂或修道院,但附近农民亦不能免。十四世纪当英法百年战争时,此辈骚扰尤甚,农民之苦痛更可想而知矣。

然就普遍而论,农民生活至十二世纪已渐就改善,比较十世纪及十一世纪已温和多矣。盖十一世纪时,农民不堪其苦,曾屡次起而叛变。至十二世纪时,地主因需款之故尝向农奴出售自由,农奴因得避去烦苛而专意工作;至少农奴取得结婚之自由。户口税亦停止武断方式,税额多一次确定而不变。自由农民亦获得相同之权利,如徭役与年金之减少,及兵役之部分免除。时城市居民亦获得解放,与农民之获得自由适遥遥相应,此实中古一种无组织而普遍之大运动也。

第三节　中产阶级

当罗马帝国时代,高卢城市多而且富。迨第五世纪新兴民族大批来侵,遂使大多数城市归于消灭。所有能继续存在者,皆因此类城市有一主教而城市又为坚堡者。至查理曼时代,社会安宁,俨然城市之复兴时期。但不久又有第二次新兴民族之入侵,如诺尔曼人,如萨拉森人,如匈牙利人,于是一般城市又大遭摧残。亦有少数围有城墙之大村落继续存在,人呼此种村落曰堡(Bourgs)。堡中居民曰布尔乔亚(bourgeois),此即所谓中产阶级。

自十字军促起商业运动后,城市居民遂大受其利。无论商人或技艺工人皆因营业发达而致富,因此极欲享受其辛苦所得之结果。十一世纪末,尤其是十二世纪,一般中产阶级为欲保守其既得之财及博取更多之利,遂拟限制领主之专断权。欲达此种目的,同一城市之中产阶级竟起而自行集会,并宣誓互助。当时人称此种行动为密谋(conjuration),实则无异今日之工团(syndicat)。

中产阶级既组成团体,此辈则向领主要求确定应纳之款额及缴款之日期,并且一次规定之后即永远适用。

此种规定既已实施，彼辈又要求将此种规定笔之于书，并由领主签字盖章，此即时人所称之宪章（charte）。久之，宪章范围渐扩张，于是中产阶级所获之自由尤多。一一五五年，法王路易第七曾向罗利斯（Lorris）居民宣布宪章，允许居民每户每亩（arpent）仅纳一种确定之税（cens），约数佛郎。其余如征于收获之税，一切特征户口税，均一律免除；徭役除每年两次运输国王之酒与柴外，其他徭役亦一律免除，此次宪章以后竟渐次推及于二百余城市与村镇。一一七〇年，英王亨利第二给予卢昂（Rouen）居民之宪章尤关重要：除刑事案件外，彼曾将司法权付与居民；关于市长之简任，彼特许居民呈荐三人，由彼选择一人充任之。亨利之继承人又陆续向波亚都（Poitou）与亚奎丹（Guyenne）大多数城市宣布类似之特许。

宪章无异中产阶级与领主间之和平条约。但中产阶级之反抗运动为普遍现象，而非联合一致之举动。此种斗争之变化甚大；盖宪章虽成立，而领主仍常巧避或漠视。在事实方面，或中产阶级不满意领主而要求国王之仲裁，或领主欲压抑中产阶级而请求国王之援助，结果国王得插足其间，而中产阶级获与国王发生密切之关系。中产阶级之反抗运动虽属各本地之局部行为，而结果遂造成一普通之新阶级。但此阶级变迁甚大：十二世纪时，其分子仅为商人、小商贩及小地主；三世纪后则加入律师、医生、著作家以及各本地之职官。分子在各时代中既有不同,则每期所表现之性质与重要性亦大相差异。

特许之颁布不仅完成新阶级之建立,亦一促进新兴城市之创建之动因。在十一世纪及十二世纪中,国王与领主常欲于其领域中获取利益,拟化无用之地为有用,因此创建特许新城以招集侨民。此种新城或即名新城(Villes neuves),或名免税之城(Villes franches),或名新堡(bourgs neufs),或名临时住地(bastides),或名安全之地(Sauvetés)。此类名称,至今犹在,如圣乔治新城(Villeneuve Saint-Georges)、苏罗新城(Villeneuve-sur-Lot)、免税城(Villefranche)、新堡(Bourganeuf)、缪拉临时住地(La Bastide-Murat)、圭亚那安全之地(Sauveterre-de-Guyenne)等。创建者为广招居民计,常予入居新城之人以种种利便,并颁布宪章以保证其权利。

在若干地方,如法国南部之郎基多克(Languedoc)、蒲洛温斯(Provence)及亚奎丹(Apnitaine),如北部之毕加底(Picardie)、亚多瓦(Artois)与佛兰德(Flander),中产阶级不仅获得权利保障而已,彼辈并取得自治之权,亦如往昔雅典与罗马之公民;彼辈组成一种共和国,俨如意大利北部诸城市。此等共和国,在法固北部称自治区(Communes),在南部称市区(Municipalites)。在此等城市中,中产阶级集会选举管理城市之职官;此等职官,南部称康素(Consuls),盖所以纪念古罗马之制度也;北部称伊市文(Echevins),伊市文组成自治区会议,由市长

(Maire)主持之。自治区或市区之办事处曰市政府(Hôtel de ville)。市政府有团防、旗帜、市徽及印章；有和战之权；有时亦有附庸。城中之中产阶级俨然组成一种集团贵族。

第四节 工业与商业

城市居民既因宪章保障其权利而获得安宁,结果工商业在十二世纪中,尤其是在十三世纪及十四世纪中大为发达。

但当时之工业,皆为小规模之手工业；所有出品,亦仅供当地居民之需用而已。并且,凡未学习某种工业者,决不能开设某种工厂；凡能开设某种工厂者,又须谨恪遵守某种职业之规则。在每一城市中,所有同一职业之工人皆须集合组成团体称同业公会(Corporation)。同业公会有被选之领袖,称公断者(jurés),或称代表(Syndics),或称会正(Prudhommes)。当时之同业公会并不似近代之托辣斯(Trust)：(一)同业公会之入会资格异常宽泛；(二)同业公会为人之结合,而非资本之结合,并且会员不摊分赢利。同业公会颇似今日之工团(Syndicat),其不同之处,即今日工人有加入或不加入之自由,至于中古之工人,如不加入同业公会则不能操行其职业。

同业公会又为一种互助之会社：凡同业公会中之孤儿与年老工人,同业公会皆负责救济之。凡隶于同业公会者，皆须年纳一种款项以作同业公会之会金。同业公会亦有旗帜，如遇迎神赛会时或出发作战时则高张之。同业公会又为一种宗教团体，各种职业各有其保护神，如鞋匠供奉圣克勒宾（Saint Crépin），木匠供俸圣若瑟夫（Saint Joseph），制面包者供俸圣伯多禄（Saint Peter）。同业公会常将保护神像刊于旗帜之上，并在礼拜堂中特为保护神设一神坛焉。

工作条件，常为同业公会之规则所限定。如禁止夜间作工，其用意盖恐工作不良或引起火灾也。如制绳者混合细麻线于粗麻绳之中，或制刀者于骨质刀柄之上嵌以银饰，皆为同业公会所禁止，公会领袖亦常出巡以监视干犯规则者。此种规则行之既久，颇发生不良之影响，盖足以障碍工艺之改良与进步也。各种同业公会又常因细故而发生冲突，其原因殆由于一种工艺每每牵涉若干同业公会，而每一同业公会又常欲专利也。如制呢者与压呢者，缝工与贩旧衣者，厨工与烤肉者，每每无端争讼，屡世不决。厨工常拟禁止烤肉者自制任何酱油，而烤肉者又欲限制厨工烘烤任何肉品。当时之工业场所普通皆临街开设，盖工场同时即为商店也。凡操同一职业者，每喜聚居于同一区域之中或同一街市之内，此亦当时工场特点之一。如今日习闻之玻璃街、制革街、屠户街、香货街、银匠街等，皆可于此类名存实亡之街名中想见当时之情景。

中古商人所贩之主要商品多为稀有之物，多自欧洲以外运入，尤其是东方所有之产物，此种物品多由威尼斯人或热那亚人之船舶由地中海输进欧洲。当时商人所贩运之物品，不外丝绸、香货、皮货、香料等。香料尤以胡椒为大宗。当时商人获利甚巨，而所冒之危险亦殊大。路上盗匪无论矣，各地贵族亦常对商人肆行劫掠，或掳人勒赎。各地贵族每有出售护照之举，但此种护照多不生效。商人之第二种困难为沿途之苛捐杂税，如出口税、进口税，各地贵族领域通过税、城市税、桥税、渡税，等等，名目繁多，不胜枚举，如自贺阿伦（Roanne）由罗亚尔河（Loire）运货至南第（Nantes），计沿途缴纳捐税竟达七十四次之多，此真可谓骇人听闻之事矣。

商人为避免种种危险，每武装结队以行，俨如旅行沙漠地带之商队（Caravan）。以后为防备周至，商人又组织互助团体称同盟（Hanse）。

条顿同盟（Teutonic Hanse）为哥罗尼亚（Cologne）人在伦敦所设立（一一五七），不久其他德国城市多来加入。同盟地址称钢院（Steelyard），此为一种建于堡垒间之商业基尔特（guild）。

汉西同盟（Hansebund）创于一二四一年，初以威斯贝（Wisby）为中心，继乃移于卢卑克（Lubeck）。同盟每三年开大会一次，来加入之城市何止百数。俄国内地之诺弗哥罗（Novgorod），及波罗的海与北海一带之商业，均为该同盟所独占。

莱因同盟（Rheinbund）为马茵斯（Mayence）人所组织（一二四七），联合之城市不下九十处。主要都市有亚亨（Aachen）、佛兰克福（Frankfort）、斯特拉斯堡（Strasbourg）等；在莱因河中横行之船只岂止六百艘。但同盟不久即分为上莱因同盟，以休牧（Worms）为中心；及下莱因同盟，以马茵斯为中心。

许华本同盟（Schwabische Bund）为德国南部都市所组织，以努连堡（Nurenburg）、乌尔穆（Ulm）、君士坦司（Constance）等城为中心，与南欧交易极繁。一三三一年，奥格斯堡（Augsburg）加入同盟，隐握同盟之牛耳。

伦敦同盟（Hanse of London）产生于一二四〇年，联合尼柔兰及法国之城市不下七十余处。

巴黎同盟（Hanse de Paris）为塞纳河（Seine）水运同盟，自蒙特罗（Montereau）至芒特（Mantes）之运输，皆为同盟水商所专利。凡非该同盟之船只，均须纳税始能航行。该同盟之领袖俨然巴黎之市长，而其徽章居然尚为今日巴黎市之标帜焉。

同盟在当时之势力极大，每能以武力抗拒一切。同盟商船，结队而行，另以战船一艘护之。与海盗战，海盗之势为之稍杀。汉西同盟曾因丹麦国王有干涉之举，竟与之宣战；又曾与英国宣战而屈服之，成吉思汗孙巴图尝征服俄之大部分亲王领地，但诺弗哥罗因隶于汉西同盟卒未遭蹂躏。十四世纪为同盟鼎盛时期；迨各国确定中央集权，回复社会秩序，同盟已渐现衰废之象；至东西两印度之航路大辟，商业中心移动，于是同盟遂无复存在之余地矣。

市集（Markets）与定期市场（Fairs）亦为中古商业之一种特征；两种皆为定期而非继续之商业工具。定期市场之主要时代为十三、十四世纪。此种惯例见于欧洲各处，而在英国中部及法国香宾（Champine）最为繁盛。香宾六大定期市场，每场皆延长至六星期以上，六场轮次举行，俨然造成一种永久市场之形势。法国、佛兰德、意大利、西班牙、日耳曼、英国等处之商人咸去赴会，带去之货物，几将当时所有之商品包罗无遗。十四世纪以后，定期市场入于衰微时期，其原因不外定期贸易之方式已无济于事矣。虽日耳曼市场用为商业工具绵延至十七世纪，俄国定期商场甚久仍占重要，若就欧洲全部观察，在定期市场之后段中，商业之意味已经消失，所存者仅娱乐性质而已。

第三章 文化

第一节 中古时代之语言文字

当时欧洲人用以传达思想之工具仍为拉丁语，拉丁语之在当时几无异欧洲人之一种世界语。拉丁语本与复杂富丽之拉丁文不同。盖拉丁语之文法较拉丁文为简单也。拉丁语所用之字，每与书籍中所用之字毫不一致：例如拉丁语中之马字为加巴卢司(Caballus)，而拉丁文中之马字则为额苦司(Equus)。但近代之西班牙文、意大利文及法文，其字根每多源于拉丁语：例如西文之加巴罗(Caballo)，意文之加哇罗(Cavallo)，法文之时哇尔(Cheval)，皆源于拉丁语之加巴卢司，而非源于拉丁文之额苦司。

拉丁文一经高卢人之口，则渐成一种别调，此即所谓罗曼诺(Lingua Romana)也。吾人所知用罗曼语写成之最古文字，为一种誓词，为日耳曼路易在斯特拉斯堡(Strasburg)对于秃头查理之军队所宣读，而再为查理兵士所复述者(八四二)，此即历史上有名之《斯特拉斯堡誓词》。凡现代之法国语、意大利语、西班牙语及葡萄牙语等,皆属于罗曼语系。

至于日耳曼语,在罗马帝国未瓦解以前,已有成文者一种。忆罗马主教乌尔非拉(Ulphilas,或 Wulfilas,三一一——三八一)为便利宣传耶教于蛮族之中,曾用希腊字母将《圣经》译成哥德文,此即史称之《银律》(Codex Argenteus)。至于著名之日耳曼叙笔诗曰《尼勃伦根歌》(Nibelung enlied)者,至十二世纪末年始由语言变为文字。英国史诗《蜂狼》(Beowulf),流布北地时,本为短篇,后人汇为长歌,凡三卷四十二章,约成于七八世纪。如近世之德国文、英国文、荷兰文、瑞典文、挪威文、丹麦文及冰岛文,皆自日耳曼民族方言而来者也。

中古时代,西部欧洲方言中以法国文为最重要。法国语言自脱离拉丁语后,凡分二支:在北部者曰唯尔(oil)语,在南部者曰哦克(oc)语。十二世纪以前,法国文著作之留存者,至今甚少。西佛兰克人当然早有吟咏其英雄——如克洛维斯(Clovis)、达哥伯尔(Dagobert)及查理马特(Charles Martel)——之事业者,然此辈以后均为查理曼之大名所掩没。法国史诗(Chanson de Geste),述亚尔忒(Arthur)外,多咏查理曼君臣事业,以《罗兰歌》(Chanson de Roland)一篇为最胜。法人极尊重此种乐府,几视之为民族历史。

除长篇叙事诗及以韵文与散文所著之传奇外,尚有所谓韵文小说(Fabliaux)。此类小说,大底来自东方,因十字军运动始盛行于欧洲。其性质极尽诙谐、嘲弄、讥评之能事,如

《食桑之僧》(Le curé qui mangea des mures)、《竹鸡》(Les Perdrix)、《乡医》(Le Vilain Mire)、《黑度拉》(Estula)等,世人称之为平民文学。又有一种寓言文学,以《狐狸故事》(Reynard the Fox)为最著。此种故事常化小说中之主角为人类而附以专名,如狐狸(Fox)而饰以绰号曰莱拉尔(Reynard)。其命意为弱小报复强大,狐狸虽为子规鸟、乌鸦及猫、鸡等所战胜,而狐狸却能战胜狼、熊、狮、虎等,最有趣者为狐与狼。

法国南部诗人(Troubadours)与伶人(Jongleurs)常往来于各地,其足迹不仅限于法国而已,并将法国之诗歌及习惯,向北携入德国,向南携入意大利。继承南部诗人而发扬之者,则有北部诗人(Trouvères)与伶人。历史家对于法国北部之叙事诗歌,与法国南部之抒情诗歌,颇饶兴趣,盖因此种作品颇足以表示封建时代之生活及志趣故也。所谓此种生活及志趣,即骑士精神(Chivalry,或Knighthcod)是已。至十二世纪后半期,英国王亚尔忒及其《圆桌骑士》(Knight of the Round Table)诸传奇出世,西部欧洲一带,传诵一时,至今未已。总之,法国当十二、十三两世纪时代,国语文学,层出不穷,其影响于意大利文、西班牙文、德国文及英国所著之书籍上者盖甚大也。

西班牙亦有行吟诗人(Trovador)与伶人(Juglar),皆出于蒲洛温斯(Provence)诗派。德之爱情诗人(Minnesinger)与法国南部诗人相类,皆吟咏男女相悦之迹。就中最著名者为瓦尔特(Walther von der

Vogelweide,一二二八）与吴而佛郎（Wolfram von Eschenbach,一二二五）。前者之诗,淫靡可诵,而爱国之忱溢于言表；后者著有长歌曰《巴尔西法尔》(Parsifal),内容系叙一骑士访求圣杯(Saint Graal)。

"中古欧洲,因耶教之力,信仰渐就统一,封建制度,亦方盛行。以此二大势力,互相调和,造成时代精神,即世所谓骑士制度是也。终则发为十字军,信神忠君,重武尚侠之气,悉发挥无遗蕴。当时文学,乃大被影响,而生变化。盖骑士生活,本多瑰奇之趣。当时人心,又久倦于枯寂,喜得此发泄之机会,以写情绪。此诗歌、小说勃兴之所由来,而教徒文学,亦以此稍衰矣。"[①]

第二节 中古时代之美术

历史家多以自皮商丁(Byzantine)为东罗马首都至土耳基人陷落时止,东方美术,统称为皮商丁美术。盖东帝茹斯底年为一爱好建筑者,因此建筑史上产生一种皮商丁式。皮商丁式之代表作品为圣苏斐亚(St. Sophia)寺院。此寺以中央穹窿与两侧半穹窿为基础,此为皮商丁式之特征。寺院内壁为莫查伊克(Mosaic)之装饰,令人想见东罗马帝国之宫廷文化。皮商丁式影响欧洲各地之建筑甚巨,然为此式有力之后继者,厥为回教民族。回教

---

① 见周作人著《欧洲文学史》。

在埃及地方曾大发挥其特有之空想的美丽建筑，在西班牙尤为显著。

十世纪为耶教势力充实时代。是时日耳曼族诸国之王权已日臻巩固，骑士团与教会亦相依为命，因此耶教教会遂成为文化之中心。罗马列斯克式（Romanesque）之建筑，即产生于此时。罗马列斯克式之来源，有谓为胎袭于罗马建筑式者，以其名之起首二音仍为罗马也；亦有谓为模仿东方——尤其是安地油失与亚历山大里亚——之建筑式者，以其若干建筑基点彼此相类也。总之罗马列斯克之建筑，全以巴吉里加（Basilica）式为基础。此式计成立于十世纪末叶，而大盛于十一世纪下半期及十二世纪上半期（一〇六〇——一一五〇）。此式之特点，在使中央屋顶比侧部较高，平面屋顶改作弓形。巴吉里加式所忽略之美观，此时亦渐注意考究。内部墙壁，多饰以《圣经》事迹或圣人生活之壁画，柱颈之雕刻，或为《圣经》事迹，或为花叶，或为幻想动物，工虽拙劣，亦殊特异。门面作半圆形之窗若干层，亦有可观处。此式之建筑，如波亚叠（Poitiers）之圣母（Notre-Dame）礼拜堂（建于十一世纪）及安古列门（Angouleme）之圣彼得（Saint Peter）礼拜堂（建于十二世纪）。

十字军兴，东西接触，罗马列斯克建筑式遂部分发生变化。此时建筑，门窗均改半圆形为尖顶形（Ogive），时人即称之为尖顶形建筑。十六世纪，意大利人通称此种建筑式为哥德式(Gothic)，盖蔑视此式，等之于蛮族式也。其实此种建筑应称为法兰西式，因此式发端于法国北部(Ile-de-France)，以后乃渐传播于各国也。此式之代表作品，有法国之汉斯(Reims)礼拜堂，巴黎之圣母礼拜堂，英国之温彻斯特(Winchester)礼拜堂。至德国之克伦(Kulm)礼拜堂，尤为哥德式建筑中最模范之作品：单以其工事而论，竟经过五百余年（一二八四——一八八〇）始告完成。

罗马列斯克式因中央屋顶须作弓形之故，其屋顶重力自须以墙壁承之；为尽量避免减少墙壁之抵抗力量，因不敢多开窗户，故罗马列斯克式之建筑常觉黑暗无光。哥德式既为尖顶形，除用若干支柱而外，墙壁几可完全取消，因此哥德式建筑之窗户极多，格外显出轻越之姿态。哥德式建筑既不借重于墙壁之力，于是玻璃窗遂起而代替以前之壁画，但建筑之主要粉饰仍为雕刻。玻璃窗上之图画与雕刻品，多为圣人之肖像与遗事，盖一方可作建筑上之点缀，同时又可用为教育材料也。故人称此种装饰为"不识字者之书籍"，在信徒眼前，实不啻一种宗教、历史、伦理、艺术之书籍。

中古一般房舍，均甚湫隘，独礼拜堂极其宏壮，此无他，宗教热诚有以使之然耳。凡当时从事建筑上之工作者，咸互相竞胜，竭尽才智以完成之，故米舍(Michelet，一七九八——一八七四)称之为"信心之富丽行为"。就建筑之外观言之,亦有令人深长思者。皮商丁式注重外圆顶,其宏壮庄严之处,令人一见则肃然起敬。罗马列斯克式每建于短大笨重之柱上,窗少而小,光线微弱,似对人发出一种沉着刚毅之神气。哥德式尖顶高插云霄,轻越飞扬,似表出一种灵魂对于上帝之依恋情趣。有人谓哥德式之发展,为美术史上一幅极灿烂的插画,为建筑史上一桩极饶兴味的事情;但物极必反,衰废即潜伏于发展之中,其衰废实代表中古之教会权威与封建制度之衰废之象征。

第三节 中古时代之科学

罗马自君士坦丁许耶教与国教同等而后,耶教势力,日见膨胀,科学精神,遂日益衰替。自五二九年东帝茹斯底年(Justinian)封闭学校,禁人研究希腊学问,明令崇奉耶教神学,于是知识界遂如漫漫长夜,莫睹光明,故史家称五、六、七三世纪为黑暗时期(Dark Age)。然在此时期中,可得而述者,亦有二人:(一)开白拉(Martianus Capella,五世纪),彼谓所有学科,可分为七艺(Sevon Liberal Arts),即文法(grammar)、辩证(dialectics)、修辞(rhetoric)、几何(geometry)、天文(astronomy)、算术(arithmetic)、音乐(music)等。中世纪学校学科,悉以此种分类为根据。(二)波厄斯(Boethius,四七五—五二四),氏对于哲学、音乐、算术均有研究。彼复将开白拉之七艺分为两大部分,即前三科称低三艺(trivium),后四科称高四艺(Quadrivium)。氏所著之《哲举之慰藉》(The Consolation of Philosophy)一书,颇风行于中古时代。

迨查理曼兴,力谋教育之普及,曾聘英人阿尔卷(Alcuin)主持教育,其权职直等于今日之教育部长。阿氏对于教科,以读书、习字、算术、唱歌、音乐、神学为主。查理曼提倡教育,不遗余力,俨然中古时代之一线光明。特事业尚未及半,遽尔云殂,致所有成绩,尽归泡影,良可惜耳!

但在回人方面,科学颇有进步。哈里发阿尔曼苏(Al-Mansur,七五四—七七五)曾令人搜集因茹斯底年封禁学校后,散佚于各处之希腊学者之手册,并将亚里士多德、欧几里德、蒲多勒米等之著作,译成亚拉伯文。印度学术,亦于是时传入。迨阿尔麻蒙(Al-Mamun,八一三—八三三)起,更令以亚拉伯文移译希腊之数学、天文学、医学、哲学等书籍;并于报达建筑科学院(House of Science),而附以藏书楼与观象台。一时回人之学术鼎盛,莫与比伦,反观黯淡消沉之耶教世界,殆不免有惭色也。

在数学方面,奥卡斯米(Alkarismi)于八三〇年,根据印人勃勒墨葛(Brahmagupta)之著述成《奥卡斯米代数》(Algebra of Alkarismi)一书。在物理方面,奥海岑(Al-Hazen,九六五—一〇三八)曾发明光之反射(Reflection)

及屈折(Refraction)之理。在化学方面,凡试验室中之方法,如蒸馏、清滤、结晶、蒸升等法,皆由亚拉伯人传入欧洲。盖亚拉伯人迷信宗教,富神秘意味,故求点金之观念,极其浓厚。有给伯(Geber)者,七世纪末之炼金术家(alchemist)也。其书中所载因求点金而得之化学结果甚多,但是否为彼所发明,则不可知。在天文方面,亚拉伯人曾于十世纪末年,于开罗(Cairo)作日月蚀之精密记录,并制日月行星运行之表。其所造之科学仪器,如天象球及测量纵横角度之仪器,亦极精巧。总之,近代之物理、化学及数学、天文之发达,皆亚拉伯人之功也。

当回人侵入西班牙后(七一一),希腊、印度及亚拉伯之学术亦因而输入欧土。九、十两世纪时,回人极奖励教育,大学至十有余所之多,小学则到处皆是。一时欧洲各国学子,咸闻风负笈而来,就中以哥尔多巴大学为最盛。史称第十世纪之西班牙为回人科学之黄金时代(The Golden age of Moorish Science in Spain),良有以也。

十字军兴,欧人好学之风大盛。当时人士所研究之学问,半为希腊之遗产,半为亚拉伯、印度所输入之文化,其中杰出之士,略述如次:(一)辟沙鲁(Leonardo Pisan,一一七五—?)。氏为意大利数学家,曾研究亚拉伯之十进法,及奥卡斯米之代数,著有《算术表》(Liber Abaci)。(二)罗吉培根(Roger Pacon,一二一四——二九四)。氏为倡导实验主义(Experimentalism)最早之一人。氏谓学问之道,不外实验与辩论,但追求真理,辩论实不及实验。氏又谓:既由实验而得经验(Experience),便可推理(Inference),既推理则可得结论(Conclusion),更以经验证实(Verification)之,其结论方为正确。氏于物理学,甚有贡献;其解释虹之现象,理颇透切,并举类似之现象以证实之。氏此种同类比推之方法,在科学上非常重要。(三)但丁(Dante,一二六五——一三二一)。氏为人文主义者(Humanist),其对于天文学,亦颇有研究。氏谓地球上之原质,可分地、水、气、火四大类;天有九重,其上为天堂(Paradise),次为净界(Purgatory),最下为地狱(Infenno)。惜氏此种观念完全属于宗教范围,故不特于天文学上,无所贡献,而结果所至,反足以阻止其进步也。(四)范兰亭(Valentine,十五世纪后半期人)。氏以化学功用,在于制药以疗治疾病,从兹长生致富之观念为之一变,盖已由炼金时期进而为制药时期矣。氏由实地试验所发明之化合物甚多,如锑(antimony)与盐酸等。

培根曾预言,靠了科学的应用,物质文明当有惊人的进步。果然,一一八〇年竟有指南针(Mariner's Compass)之发明;十四世纪初,意大利人已知使用火药(Gunpowder);一四四五年辜登堡(Guttenberg)又发明活字版之印刷(Printing);至十六世纪时,伽利略(Galileo)复发明钟摆以成今日所用之时计(Clock)之基础。

第四节　中古时代之哲学

中古欧洲人对于世界之观念极其模糊,因彼等所注意者非尘世,而为支配尘世之精神。但彼等忽略现世而注重精神,实非偶然之事。盖自罗马帝国末季以来之纷扰,使人感受极大痛苦,对于现世,毫无兴趣,对于物质世界,毫无理想可言。倘非奥古斯丁(Augustine,三五四—四三〇)发表一种天上之理想,并以教会为达到此种理想之手段,时人之悲观更不知伊于胡底。

奥古斯丁分世界为二:一以利用为目的(The use of something for a purpose),一以迷恋其本体为指归(The enjoyment of something in and for itself)。前者现世而暂时;后者精神而永久。吾人之要,即在舍前者而取后者,超脱现世,栖息于精神世界之中。奥氏谓此世为虚伪,为罪恶,即得幸福与满足,亦丝毫无与于精神界;吾人真专享受满足与幸福,亦惟于精神界求之。氏著《神国》(City of God)一书,其基本之理论,即谓永生为最善,永死为最恶。局于现世,则难免永死,升入神国,则可求永生;而此神国,在天上而不在人间。

奥古斯丁以后之中古哲学,则可概以一字曰经院哲学(Scholasticism)。所谓经院哲学,即应用辩证术(dialectic method)于神学上问题之讨论而已。究竟当时哲学之问题,果以何者为中心耶? 表以简语,曰共相与个体之关系(The relation of universals and particulars)是。对此问题之答案不同,于是当时之哲学家约可分为三派:(一)唯实论(Realism),认共相为真实,特殊个体不过此共相之不完全之模仿,即共相先个体而存在(universalia anter rem)。(二)唯名论(Nominalism),认特殊个体为真实,所谓共相,不过由此真实之个体所引出之抽象空名,妄而非真,即共相后个体而存在(universalia post rem)。(三)概念论(Conceptualism),谓真实在特殊个体中存在,即共相存于个体之内(universalia in rem)。

自奥古斯丁以降至十世纪,可述之哲学家,只爱利仁那(Erigena,八一〇—八八〇)一人而已。彼主极端之唯实论,后此唯实论之基理,完全由此而建设。唯实论之基理何在? 曰:"真实者,普遍之谓。一物愈普遍,即愈真实,因此此物愈完满(The realo is the universal. The more universal a thing is the more real and therefore the more perfect it is)。"氏主此说,即以此说衡定一切,谓吾人苟有一普遍之概念,因其为普遍也,此普遍即存在。上帝之观念,普遍也,故上帝存在。世界之观念,普遍也,惟其普遍不及上帝之观念,故其存在亦不能如上帝之真实。唯实论为中古哲学之正宗;氏虽非经院哲学者,然可目为此种运动之先驱。

安色姆(Anselm,一〇三三—一一〇九)起,为神学学说发生一大变化。氏为最初用辩证学拥护独断教义者。

彼之方法与精神与奥古斯丁相同，故人称之为奥古斯丁第二。氏与爱利仁那皆曾受柏拉图主义之影响，两人皆为实在论者。然爱利仁那之实在论，表现柏拉图之神秘元素较为完全，凡神以下之实体的一切阶段均被破坏无余，即教会亦成为非必须者。爱利仁那为一彻底实在论者；安色姆比较缓和，与教会之态度完全一致。

罗色林奴（Roscellinus）约为十一世纪后半及十二世纪初期之人（一一〇〇左右）。氏为第一拟用辩证学修改独断教义之经院哲学家。氏极反对三位一体之说。氏谓神性为三种不同之本质，不过于某种性质上相合。关于共相与个体之关系，氏谓个体独自存在，共相不过空名，只于人心中有其存在。

自罗色林奴将问题用唯名论提出后，第十二世纪对于共同之观念的实体，乃大起争论。爱培拉特（Abelard，一〇七九——一一四二）既不主罗氏之唯名论，亦不从桑堡威廉（William of Thampeaux）之唯实论，遂自创一种学说与之对抗，此即所谓概念论也。氏谓唯实论谓共相先真实而存在，此在上帝之心中有然，外此即属非是。唯名论谓共相仅一空名，亦属非是。盖此共相关系于其所指之物，其于此事物之本身，固有必然之论理的存在也。氏之目的，重在吾人之思想，必以事物为对象，语言以表吾人之思想，而此思想必附丽于事物，此则所谓概念论之倾向也。氏虽极崇理性而为纯理论者（rationalist），其思想亦能独立,究以时代为之限,惜终不能脱离经院学派之态度,而其理性为证明教义之用耳。爱氏弟子彼得(Peter Lombard,约死于一一六〇年)于其所著之神学中,袭爱氏之辩证法而用之,后此中古之神学乃皆以此为范型矣。

十三世纪为中古哲学之一分界线,盖前此之神学,为新柏拉图派奥古斯丁之神学,至是则为亚里士多德之神学;前此之经院哲学,以辩论为主,至是则多趋于综合与建设。其首以亚氏哲学为根据建一经院学派者,则亚尔伯耳(Albert,一一三九——一二八〇)其人也。其集大成而最足代表全盛期之经院学派者,则氏之弟子多马斯(Thomas Aquinas,一二二五——一二七四)其人也。

亚尔伯耳一以亚里士多德为据,颇与前此之经院学者异。氏谓哲学上之问题,当由哲学解释之,神学上之问题,则当由神学解释之。例如无出于无,此在物理学有然,在神学即属非是,盖上帝创造人世,固自无生有也。余如三位一体之说,亦非哲学所能疏解。意谓哲学仅能解释初步之因,其最后之因,则非哲学所能,而有赖于神学。氏之思想,无大阐发,其发挥而光大完成之者,则有待于其弟子多马斯。

多氏主两重真实(The twofold truth)之说。所谓两重真实,即分世界为二:一为自然世界(World of nature),一为恩典世界(World of grace)。前者位后者之下,后者为前者之继续;前者为发展之初步,后者为吾人之究竟。

必合此二世界,而后乃完满无缺;而此二者之接触点,则为人之灵魂。自奥古斯丁以来,此二世界常有冲突,一幻一真,未能并全。至多氏则谓自然世界,并非虚伪,不过此为发展之初阶,统属于恩典世界之下,而后者并不毁伤自然世界,不过补足自然世界而进于完满耳。

多马斯以后又发生一种更大之运动,大有反抗经院学派之趋势,约可分为以下数派:(一)主意志者,反对多氏之主知,以唐斯各(Duns Scotus,一二七〇——三〇八)为主;(二)主唯名者,反对唯实论,以屋干威廉(William of Ockam,一二八〇——三四九)为主;(三)主神秘者,反对以教会为神人之媒介,以爱卡脱(Ekhart,一二五〇——三二七)为主。

唐斯各为经院哲学之康德。氏谓宗教为信仰之事,哲学为名理之事,二者各有其分际,应各守其范围。至于神学,则适处信仰与哲学之间,实无甚功用。经院学派唯一之要图,在求宗教之纯理化。今乃分之为二:一归之信仰,一归之名理;所谓神学,几同赘疣,无正当之位置,氏直根本推翻经院学派矣。

唐氏之弟子屋干威廉,主张唯名论,比罗色林奴,尤为彻底。氏谓个体之事物,有原形之真实(The reality of original form),为吾人直觉而知。吾人之观念,不过此等个体事物之符号。此第一步之观念,名曰单纯之观念。由此单纯之观念,抽出其共同之属性,因以得普遍之观念。此第二步之观念,名曰复杂之观念。唯实论者所谓共相,初不过此复杂之观念。然此复杂之观念,其于个体之事物,确有间接之关系,且系缘单纯之观念而起,而即附于单纯之观念以存在。而此单纯之观念,又仅为个体事物之符号。因此所谓共相,不过空名,初无真实之存在;真实之存在,惟有个体之事物而已。唯名论之说,至屋干威廉而造极,所谓唯实论者,经此有力之反对,竟至体无完肤。而以后者为护符之教会,乃失一重要之根据,此又由中古入于近代之过渡点也。

十三世纪末及十四世纪,有所谓日耳曼神秘派(Germanic Mysticism),以爱卡脱为代表。爱氏受新柏拉图派之影响甚深,耽于玄想,极其神秘。氏谓万象存于上帝之中,上帝即在万象之内。吾人之究竟,在超此多元之现世,与上帝相接合,此则可由吾人直接行之,初不必恃教会之仲介。爱氏之说,马丁路德(Martin Luther,一四八三——五四六)深受感动。说者谓马氏之宗教改革,此亦助成之一因。

除以上有反抗经院学派之趋势之学派外,尚有一种主要思潮,即拉丁亚味洛厄兹主义。此派思想约在一二五六年发见于巴黎,自一二六〇至一二七〇年之间,其势汹汹,巴黎大学艺学部为之大起摇动。经院主义与拉丁亚味洛厄兹主义之争雄,以多马斯为前者之主帅,而巴拉班的之席杰(Siger of Braband,一二八三)则为后者之领导。在此次理论斗争中,经院学派之所竭力攻击者,即人类单一灵魂说,与双重真理说①。拉丁亚味洛厄兹主义实未能深入人心,至一二七七年之禁止,使席杰退出大学讲席而后,虽未完全消灭,却不能更进一步。但此种思想确曾激起一种紧张空气,使经院学派不得不更明白立定地位,结果促进经院派理论之发达。其次一小部分亚味洛厄兹主义之学说继续伸张其势力,如二重真理说逐渐使天主教信仰崩溃,并有少数亚味洛厄兹主义者于十四世纪赞助法律家,务使教皇制度隶属于国家之下。

此外与多马斯同时者,另有罗吉培根(Roger Bacon,一二一四——一二九四),研究实验科学,要可为此反抗趋势中甚有力之一支。氏谓辩论所以折人之言,经验则所以使人信吾之言。氏从正面注重经验,虽未明言破除迷信,而迷漫中古之神秘意味已露破绽,此亦由中古渐至近代之关键也。

第五节　大学

十二世纪以前,欧洲除西班牙与意大利两地以外,绝无如吾人今日所有之大学。然自十一世纪末叶以来,巴黎学校亦有可得而言者。巴黎圣母礼拜堂(Notre Dame)及圣日勒维内(Saint-Genevieve)修道院所设之学校,在当时极有名;前者之名师有桑堡威廉(William of

---

① 参看庆泽彭译《中古哲学与文明》。

Champeau,一〇六〇——一一二一),后者有爱培拉特(Abelard,一〇七九——一一四二),二人皆以教授哲学而著名。在此等公立学校之外,尚有若干私立学校,亦有相当成绩。至十二世纪末期,同一城市之教师与学生,曾为拥护公共利益而组成学会(Universitates magistrorum et scolarium),今日之大学即脱胎于此种学会。

巴黎大学颇得力于国王与教皇,经过三十余年之组织推进始告完成(一二〇〇——一二三一)。一二〇〇年,法王腓力布第二(Philip Augustus Ⅱ)曾允许巴黎大学以特权,即教师与学生犯罪,不受普通裁判而受教会之裁判也。一二三一年,教皇又撤去主教之管辖权,而令其自行裁判,自立规则。此后巴黎大学在法国及在教会中俨然成为一种自治之国家。

巴黎大学计分四科:(一)神学(Theologie);(二)教律(Droit Canon);(三)医学(Medecine);(四)学艺(Arts liberaux)。学艺科为普通科,为研究特科以前必由之阶段,颇似今日所谓之预科。普通科需时六年,神学科需时十年。

巴黎大学学生,大都为农人或贫家之子弟,因此有在求学期间为人之仆役,或在街头行乞者,具慈悲心之富人,每对穷苦学生资以补助费或创建书院(Colleges)以收容之。第一书院为一伦敦富人所建,内中有榻十八具(一一八〇)。最有名之书院建于一二五七年,创始人为路易第九(Saint Louis Ⅸ)之宫廷教士索尔奔(Robert de

Sorbon)，此即今日巴黎大学之前身，故一般人皆习称巴黎大学为索尔奔伦(Sorbonne)。

当巴黎学校组织学会之日，正波罗格那(Bologna)大学渐形发展之秋。巴黎大学注重神学，而波罗格那大学则偏重罗马法律与教会法律之研究。在意大利方面，约一一四二年时，有修道士名格拉底言(Gratian)者，著有《教会法》(Decretum)一书，其目的在将宗教大会及罗马教皇所定法律之抵触者融合而贯通之，并备常人研究教会法律之用。西部欧洲学子之赴波罗格那研究法律者，颇不乏人，其所组织之团体，声势亦甚宏大云。

英国牛津(Oxford)大学起源之不明了，与巴黎大学同。有谓牛津大学为亚尔弗来德大王(Alfred the Great)所创，其实此校实始于一一六七年，此殆亨利第二因不满意法王路易第七而令巴黎大学之英国学子归国组织者（参看《国闻周报》十二卷五期《记牛津》及《独立评论》一八三号《牛津大学的学生生活》）。剑桥(Cambridge)大学创建较迟，计成立于一二〇九年。此外如西班牙、葡萄牙、意大利之罗马及那不勒(Naples)等处之大学，皆蔚然起于十三世纪。至于巴拉加(Prague)、维也纳、巴西尔(Basel)、克拉科(Cracow)、勒不士格(Leipzig)、鲁文(Louvain)、哥卑哈根(Copenhagen)诸地之大学，则建于十四、十五世纪。北部欧洲大学，多仿巴黎，而南部欧洲大学，则多以波罗格那大学为模范。

第六编 中古时代之最后排演

第一章 英法百年之战及玫瑰战争

第一节 百年之战之原因

英法百年之战,本两国君主间之战争,乃结果竟诱起法人之爱国心情,此殆所谓"多难兴邦"者耶。战争始于一三三七年,终于一四五三年;前后实不止百年,但中间屡有停辍,作战之期仅五十五年而已。

战争之直接原因,虽为英王爱德华第三之野心,然亦非无的放矢。一三一四年,法王腓力布第四死后,其三子相继即位,均无嗣。当一三二八年查理第四死时,法国贵族大会即宣言"根据成法,凡妇女及其所生之子均不得入继王位"。爱德华第三之母伊沙伯拉(Isabella)本为腓力布第四之女,至是因贵族大会之宣言,爱德华之承继法国王位权利遂无形宣告消失。贵族大会既摈斥爱德华第三,乃将王冠奉之于腓力布第四之侄腓力布第六,是为法国喀白朝支族华洛亚(Valois)朝之始。

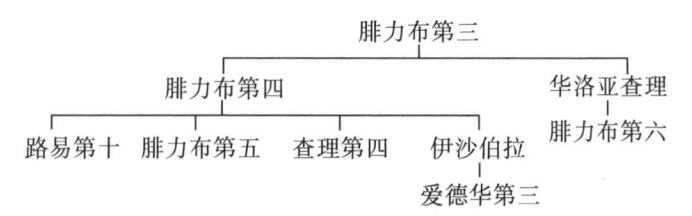

```
                腓力布第三
        ┌─────────┴─────────┐
    腓力布第四              华洛亚查理
  ┌────┬────┬────┐            │
路易第十 腓力布第五 查理第四 伊沙伯拉   腓力布第六
                    │
                爱德华第三
```

英国自无地约翰失去法国之诺曼底及其他金雀花朝领土之一部分,然英王仍保有亚奎丹公国,而承认法王为宗主。自法国贵族大会宣言后,爱德华迟回甚久,而结果仍向华洛亚朝腓力布表示臣服。不久,爱德华又起而要求法国王位,此则除上述之直接原因外,尚有经济方面及政治方面之附属的有力原因。

佛兰德人因制造及贩卖呢料而致富,甚早即向佛兰德伯爵取得自由。所有佛兰德自治区,如不鲁至(Bruges)、干特(Ghent)、亦倍斯(Ypres)等,皆有坚固之组织,并极爱惜其自由。一三二五年,不鲁至居民因不满意伯爵路易(Louis of Nevers),旋将其囚于香料市场中。腓力布第六即位不久,即起而援助路易,并击败佛兰德人于加塞尔(Cassel),佛兰德人正痛恨腓力布时,乃爱德华第三又禁止英国羊毛输出,并在英国进行创办织呢工业(一三三六——一三三七),于是佛兰德人之愤怒更有加无已。干特有札克(Jacques Artevelde)其人者,径往谒见爱德华,请其收回成命,并谓如其宣布为法王,必承认之为合法之元首。

腓力布第六之妹婿亚多瓦罗伯(Robert of Artois),

对于腓力布之即王位,致力甚多。以前罗伯常向其婶母争亚多瓦伯领,但每次均遭失败(一三〇九、一三一六、一三一八)。不久,罗伯被控,谓其捏造契约,贿通证人,并毒杀其婶母。腓力布不予援助,罗伯遂逃往英国,因常怂恿爱德华第三争法国王位。

在直接原因与机会原因之外,尚有旧日之宿因与实际之近因。所谓旧日宿因,即第一次百年之战,即喀白朝与金雀花朝之敌对(参看第三编第一章第二节第四段);所谓实际近因,即英人需要法国方面之产品,盖当时英人之视亚奎丹,实无异一种殖民地也。

第二节　百年之战经过情形

当法王腓力布第六及约翰第二时(一三三七——一三六〇),英人几全占领法国之西部。查理第五因名将度盖克兰(Du Guesclin)之助,又从英人之手恢复所有割让之地(一三六九——一三七八)。迨查理第六及查理第七初期(一四一三——一四二九),英人又尽占领罗亚尔河(Loire)以北之地。及安达克(Joan of Arc)出,英人始被法人陆续驱逐出境(一四二九——一四五三)。

英法冲突之开端,始于爱德华第三之称法王(一三三七年十月)。战争初期,法国损失最大,尤以法国舰队毁于伊克吕斯(Ecluse)埠为甚(一三四〇);此次败绩颇关重要,盖从此法王失去渡海进攻之能力也。一三四六年,爱德华率军蹂躏诺曼底,并沿塞纳河(Seine)而上直逼巴黎近郊圣日耳曼(Saint-Germain);英军见法军众多,乃北趋克列西(Crécy)而于此地大胜法军(八月)。爱德华既败法军,遂进围加莱斯城(Calais),不久陷之(一三四七),逐其地之居民而以英人实之。八年后(一三五五),战事重启,英王太子黑亲王(Black Prince)再大败法军于波亚叠(Poitiers),法王约翰且被虏入伦敦(一三五六年九月)。约翰签定《不列底尼(Brétigny)条约》,割让波亚都(Poiton)、圣东日(Saintonge)、里穆森(Limousin)及伯里哥耳(Périgord)等地于爱德华第三(一三六〇)。

约翰既被虏,王太子查理第五遂起而摄政。查理第五英明有为,付军权于度盖克兰之手,卒渐次恢复为《不列底尼条约》所割让之地(一三六九——一三七八)。迨查理第五死时(一三八〇),英人在法国所保有者,仅巴约伦(Bayonne)、波尔多(Bordeaux)、布勒斯特(Brest)、舍尔堡(Cherbourg)及加莱斯(Calais)而已。

一四一三年,战衅再开,继续不断,直至一四四四年,此为百年战争期中最长之一段落。时法国正陷于内讧。先是查理第六即法王位后,不久即患疯疾。王之堂弟不艮地公无畏约翰(John Sans Peur)与王弟阿尔良公路易争摄政权,无畏约翰使人杀路易(一四〇七),于是两族发生血战。无畏约翰之党,人称之为不艮地党(Bourguignons)。拥护路易之子查理者称阿尔马尼克党

（Armagnacs），以查理第七之岳父伯尔讷（Bervard）为阿尔马尼克伯爵，为阿尔良派之健将也。两党斗争甚烈，皆欲保有巴黎与国王。阿尔马尼克党本保有以上二者，不幸为英王亨利第五大败于阿森古尔（Azincourt，一四一五年十月）。

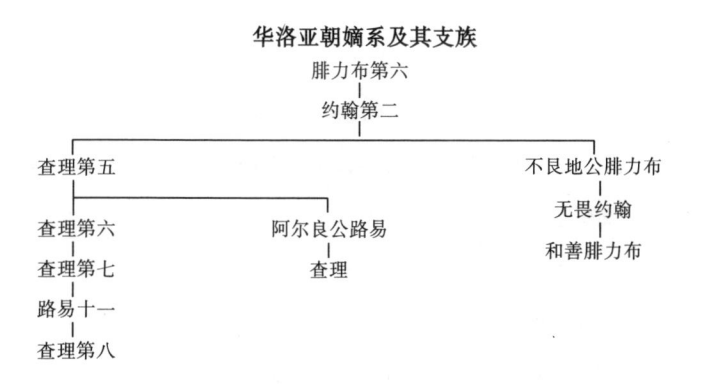

华洛亚朝嫡系及其支族

腓力布第六
约翰第二

查理第五
查理第六
查理第七
路易十一
查理第八

阿尔良公路易
查理

不良地公腓力布
无畏约翰
和善腓力布

阿尔马尼克党既败绩，不良地党遂一变而为巴黎之主人翁。但无畏约翰感觉自身势孤，不足以抗英人，乃表示愿与阿尔马尼克党人携手言和，不意在蒙特罗（Montereau）会商时，无畏约翰竟为仇人所刺而死（一四一九年九月）。其子和善腓力布（Philip the Good）以其父之被杀，太子实与谋，遂径与英王联合而缔结《特罗业（Troyes）条约》（一四二〇）。英王亨利第五之后加他林（Catherine）为法王查理第六之女，此次条约即承认亨利第五为法王而排斥王太子查理也。一四二二年，亨利第五与查理第六相继去世，英王太子亨利第六竟在巴黎宣布为英法两国之王。在法国方面,查理第六之子查理第七遂亦在布尔日(Bourges)宣布称王。

英人因不良地公之助,除亚奎丹外,竟奄有法国北部一带之地,罗亚尔河仿佛成为"布尔日王"国北部之边境。一四二八年,英人围攻为罗亚尔河门户之阿尔良城,城几不守,乃安达克以一女子卒解其地之围(一四二九年五月)。安达克既复大败英人于巴德(Patay,六月),旋乃挟查理第七至汉斯(Rheims)大礼拜堂举行加冕之礼(七月十七日)。一四三〇年,闻康边尼(Compiégne)被围,安达克遂率军至其地,不幸落于不良地党之手而转售于英人(五月)。英人宣布安达克为女巫,旋焚之于卢昂(Ronen)市中(一四三一年五月,参看《东方杂志》二十六卷十号《贞德的五百年纪念》及胡仁源译《圣女贞德》)。

安达克在时即主张调解不良地公与查理第七。和善腓力布之妹安那(Anna)曾嫁与亨利第六之叔伯德福尔(Bedford)公爵;一四三三年安那死,一四三五年伯爵福尔公又死,和善腓力布遂脱离英国之同盟而与查理第七和。此后英人势力大衰,各地居民亦群起抗英。一四三六年,查理第七入巴黎。一四四四年,英人求和。查理第七即利用休战期间整理军事,并成立特务队(Compagniese d'ordonnance)。此后查理能胜英人于福尔米尼(Formigny,一四五〇),再败之于加斯的雍(Castillon,一四五三),皆特务队之功也。英人最后虽尚保有加莱斯城,然英人之不能再伸其势力于法国境内，则已不成问题矣。

第三节　百年战争期中英法两国之状况及战争结果

百年战争之初，法国佣兵之薪饷已渐高，凡具全武装之骑士，每日工资约十佛郎，因此自各地来投效者极众。自《不列底尼条约》签定后（一三六〇），两国罢兵，佣兵无所事事，遂相率团结组成所谓大队（Grandes Compagnies），以杀人越货为职业。大队俨然一种合股公司，股东同时即为工人，资本即各人之身手与勇气。队中有马蹄铁匠、鞍匠、屠工、女裁缝、洗衣妇、内外科医生，并有文人为之经理帐目，向商人发卖护照，向城市投递需索书。队中人多携家室同住，生活极其优裕。凡被虏者，倘不纳款或不说明藏银之地，其所受待遇实惨不忍言：或系于马尾拖之而行，或以鞭打，或以钳烙，或用火烧，或紧闭袋中置于铁墩之下。队中人闲居无事，每以石块敲捶农人之牙齿或断折其手足以为游戏。此种散兵所演之恐怖，竟使毕加底（Picardie）乡村之农民逃走一空；罗亚尔河畔之农民，每夜皆率家人牲畜乘木筏住于河心。仅俄克色尔（Auxerre）及都伦尔（Tonnerre）一带地方，散兵所筑之坚堡即不下五十余座。意大利诗人彼脱拉克（Petrarchi，一三〇四——一三七四）曾于此时游历法国，谓不图此时之法国竟凋零至此。"吾所见者,可怖之荒凉及极端之贫困,荒芜之田地及颓废之居室而已。即在巴黎附近一带,亦多有焚劫之迹。路上无人,通衢生草。"总之法国全部几无地不直接间接受此散兵之骚扰,此实法国在百年战争期中所受之最大痛苦也。

当时西欧除战争恐怖之外,一三四八年又发生一种腺疫(Black death)。此种疫疠于是年四月自亚洲传入佛罗伦斯(Florence),至八月而播于法国与德国,再由法国之加莱斯传入英国。染疫者二三日即死。当时欧洲人之染疫而死者,其详确之数不可知,但就一般记载综而观之,大约"薄伽邱、夫瓦沙及巧塞的国人至少死去三之一,甚或死去有一半之多"[1]。"爱德华三世时,英吉利人口于十六个月间约由四百万左右一减而至二百五十万。"[2]腺疫对于英国之影响极大。"在十三世纪告终以前,我们已可看出采地制在起变化。采地主及他们的管事人有时已能觉得折收一辨士或半辨士的租金较令佃奴服一日之工为方便。但在法律上这种缴纳租金以代身役的佃奴仍不变成自由民……"[3]"今则因黑死之故,劳工的市价一跃而倍增于前。已获自由的工人固要求重价,即未获自由的佃奴亦斤斤焉与管事人抗争,而不肯服旧日所常服的义

---

[1] 见钱端升译《英国史》。
[2] 同上。
[3] 同上。

务,……他也进而要求整个的解放。"①工人要求增薪,地主不能任农地荒芜,不得已而承认,而政府却下令禁止。但一三五一年颁发之《工人律》(Statutes of Labourers),仍难于执行。盖"法律虽可以规定工资及物价,而不能变一名工人为两名工人,或一块面包为两块面包。法律也不能取消黑死或转移时代的精神。法律之限制工资,及法律之拒绝解放佃奴,徒然引起那世纪后半叶的剧烈斗争,及斗争最烈时的农民暴动而已"②。

英国人民不满之象,渐普及于全国。试读郎克伦(William Langland)所著之《农夫彼耶之幻想》(The Vision of Piers the Plowmen)一诗,即可见当日农民困苦状况之一般。一三七九年,英国政府规定凡年在十六岁以上者,均须缴纳丁口税;明年复有征税以备与法国战争之举,人民益愤。一三八一年,各地农民,群起叛乱,并高唱一种歌词:"亚当耕田,夏娃织布,缙绅之士,究在何处?(When Adam plough and Eve span, Who was then a gentlemen?)"乱事既作,地主及教士之居室,颇有被焚者,凡丁口税册及封建租税清册,尤尽力销毁之以为快。及查理第二允废佃奴制度,叛民遂散。此次之变虽无成绩,但佃奴制度却从此日渐废止。此后佃奴皆逐渐用金

---

① 见钱端升译《英国史》。
② 同上。

钱以代替从前之徭役；为地主者或佣人以耕其地，或租其地以与人。故英国自农民之叛以后六七十年，佃奴类皆完全解放，一变而为自由之人。

法国自败于克列西及波亚叠之后，国民均归罪于君主及其左右之无能。在年仅十九龄之查理第五之前，全级会议（Estates General）异常跋扈。盖会议中多数贵族或死于波亚叠，或同因于伦敦，因此中产阶级在会议中极占优势，尤以商人领袖马塞尔（Etienne Marcel）所领导之巴黎中产阶级为甚。一三五七年，马塞尔竟强迫查理第五宣布所谓《大敕令》（Grande Ordounance）。依据《大敕令》，全级会议有每年自动集会之权；任何税收倘未经过全级会议不能生效，并且只能在全级会议监督之下从事征收；由全级会议任命督察（reformateurs generaux）九人负改革一切行政之责，并对一般不良职官有罢黜之权。初巴黎人民极拥护马塞尔之改革计划，嗣因马氏继续使用激烈之手段，巴黎人旋抛弃之，不久彼自身亦被暗杀（一三五八）。此次全级会议虽归失败，《大敕令》虽成废纸，民权虽未伸张，然法王卒因此获得两重结果，即永久税收与常备军。如户口税（fouage）、盐税（gabelle）、营业税（Taxe sur les ventes），本为国家税收，并指定专用于军费，而查理第五则纳之于私库，随意支用。此等税收在理论上本为暂时性质，仅能在作战时期中征收，乃查理第五竟继续征收直至其死时（一三八〇）。当查理第六即位之前二年，人民不堪其扰，起而叛乱，但卒无成功（一三八二）。忆查理第五临终时，曾明令废止户口税；乱后盐税与营业税仍照常进行，不久户口税亦恢复，且不仅征之于郎基多克，并普及于全国。迨查理第七时，户口税改名为丁口税（taille，一四三〇）。丁口税既为常备军而设，于是此税遂成为永久税收，直至大革命时方废。关于常备军之组织，实始于查理第七之特务队（一四四五）。特务队配备完善，每队约六百人。队长负全队之责，多以剥皮人（Ecoreheurs）之著名首领充任之。法国自有此种常备军后，不仅能在百年战争中获得最后胜利，而国王对内之权力亦因以大增。法国在战前"犹不过是许多封建地的大集合"①，而无所谓法国民族。战后法人之良知始大发展，具体表现之者即安达克。此种良知之自动表现，尤为法人在百年战争中之最大收获。

英法两国人民对于国王之态度彼此迥不相同。英人因此种战争毫无切身关系，遂常利用国王之要求军费而挟制之，结果议会之权力为之大张。法人自身陷于水深火热之中，为自救计，实不能不拥护法王以抗英人，结果法王之权威于以大盛。总之英法经过百年战争之后，莫不较昔为强，虽英国在战争之后尚有内讧，而结果皆能成为近代民族之国家。

---

① 见钱端升译《英国史》。

第四节 玫瑰战争

英国自百年战争告终之后，不到两年，即发生内乱，所谓玫瑰战争（War of Roses，一四五五——一四八五）。英王亨利第六所属之兰加斯特族（Lancaster）以红色玫瑰为徽，起而争夺王位之约克族（York），则以白色玫瑰为徽，故称玫瑰战争，实则王族彼此争夺王位之战也。

兰加斯特族与约克族之系统表

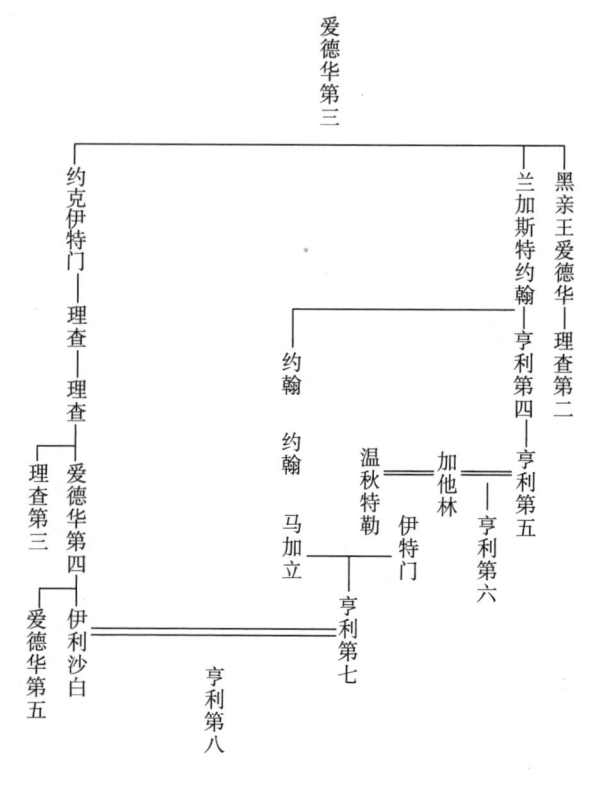

爱德华第三
├─ 约克伊特门 — 理查 — 理查 — 爱德华第四 ─┬─ 理查第三
│   └─ 伊利沙白 ═══ 亨利第七
│   爱德华第五
├─ 约翰
├─ 约翰
├─ 马加立
├─ 兰加斯特约翰 — 亨利第四 — 亨利第五 — 亨利第六
│   温秋特勒
│   加他林
│   伊特门 ═══ 亨利第七
└─ 黑亲王爱德华 — 理查第二

亨利第七 — 亨利第八

百年之战对于英国为一隆盛时期。盖在此期中英人可以自由与佛兰德通商，且用兵法国确为一种最大利益之来源。当时英国各城市极兴盛，贵族与中产阶级皆致富，故"自爱德华三世以迄亨利六世，则国会不但不断的通过战费，且督责大臣们去努力从事战争"。同时英人又渐积极参与政务。盖用兵法国需要大最金钱，而依据《大宪章》，国王征税实不能不取得人民之同意。爱德华第三本为加莱斯之战胜者，在彼在位之五十年中（一三二七——一三七七），亦不能不召集国会至四十八次之多。迨查理第二时（一三七七——一三九九），国会尤肆无忌惮，有时竟拒绝纳款。至一三九九年，国会居然废置理查而拥兰加斯特族之亨利第四为王（一三九九——一四一一）。

英人当亨利第四及亨利第五时，常居于胜利之境；而至亨利第六时，则一败涂地。从此在法国之领地尽行丧失，而与不良地公之关系亦宣告断绝，于是为英国外府之亚奎丹与佛兰德皆被封锁。英人认此种失败为致命之打击，痛愤之余，遂归罪于国王。加以亨利第六之后马加立（Magaret）为法国安如公之女，而马加立又极其专权。于是英人对于国王之不信任心理竟无法挽回。一四五五年，约克公理查宣称兰加斯特王位系由篡夺得来，起而举兵声讨，此即三十年内讧之开端也。

此次战争之陈迹，吾人不必细述之。数战之后，约克族爱德华第四于一四六一年即英国王位，国会承认之。爱德华第四卒(一四八三)，其子爱德华第五冲龄践位,由其叔克鲁塞斯特(Gloucester)公理查摄政。不久,理查篡位,称理查第三(一四八三——一四八五)。理查杀其侄,国人大失所望,兰加斯特族召亨利第七平乱,大败理查第三,战事告终。亨利第七自视力薄,乃娶爱德华第四之女伊利沙白为后,遂合兰加斯特与约克两族而为一。亨利第七为秋特勒(Tudor)朝之创始人,此朝在英国计历一百余年,直至一六〇三年始止。

玫瑰战争之结果,极其重要。国内贵族因参与战争之故,死者大半,因此英国土地约五分之一皆无主。无主之地,应归国王,此时英王之境遇无异威廉第一,实为欧洲各国最富之国王。国王既不求助于人民,权力因之益大,所有《大宪章》及《牛津条约》之限制,此时已成理论文章,而国王可以置之不理。国王大权独揽,而又无大陆属地之牵扰,一意专心内政,此种情形于将来英国专制政体之发达,关系实非浅鲜。再就此次战争分析言之,可注意之事亦有数点:(一)此次战争为贵族反抗贵族,结果两败俱伤,平民未蒙直接之损害。(二)各地中产阶级对于战争毫不关心;对于国会举出之兰克斯特族国王,视之无足重轻;因约克公为反对派代表,多希望之。(三)贵族减少,国会失掉依据,从此不能表出丝毫之力量。(四)贵族反抗专制自一二一五年起,至一四八五年,斗争告终,专制胜利。(五)当战争时,国会仍由贵族组成;最后国会虽失却大部分权力,然在尊重成法之英国中,国会生命固未尝丧失也。

第二章　宗教改革前之教会与土耳基威胁下之东罗马

第一节　宗教大会

教会自西方大分裂以来(参看第四编第一章第五节第五段),彼此纷争,莫衷一是,教会内容,尤不堪问,种种弊窦,益予攻击教会者如威克列夫(Wycliffe)辈以口实。时人目击此种情形,极思有以补救。然鉴于二方之自私自利,遂渐生召集宗教大会以资解决之想。一三八一年时,巴黎大学已主张召集宗教大会以释二教皇之纷争,使西部欧洲之教会仍合为一。乃两教皇往复协商,为时甚久,终无结果。两方之阁员不得已于一四〇九年决定在比萨(Pisa)地方开一宗教大会以解决之。大会议决召一四〇六年所选之罗马教皇革黎归十二,及一三九四年所选之亚威农教皇本尼狄克特十三前赴比萨。不意二教皇均不应召而至,大会遂定以违命之罪议决废之。大会另选新教皇亚历山大第五,乃不期年而卒,不得已再选约翰二十三为教皇。其被宣告废置之二教皇,均不遵守大会决案,自称教皇如故。故比萨大会不但不能解决教会之分裂,且又增多教皇一人,反使教会之纠纷愈趋于复杂。

比萨大会既失败,乃不能不另开宗教大会。约翰二十三于一四一四年秋召开君士坦司(Constance)宗教大会,开会凡三年。此次大会之最大成绩,为暂时挽救教会之分裂。约翰二十三深恐大会举发己身之过去劣迹,乃于次年三月,微服遁走。大会中人闻教皇脱走,惧其宣布解散大会,即于一四一五年四月六日颁布其最有名之议决案,宣言宗教大会之地位应在教皇之上。同时又宣布约翰二十三之罪状,并议决废置之。约翰二十三因孤立无援,不得已而屈服。罗马教皇革黎归十二,亦明事理,自动于七月中去职。至于亚威农之本尼狄克特十三,则拒绝辞职,而往投于亚拉冈(Aragon)王亚尔峰斯第五(Alfonse V)保护之下,且继续与其敌人相抗拒直至其死时(一四二四)。一四一七年七月,大会明令宣布废置本尼狄克特十三,十一月,选出新教皇称马丁第五。教会之西方大分裂,至是暂时宣告中止。

君士坦司大会之第二种企图,即欲消灭波西米(Bohemia)一带之异端虎斯(Huss)派。先是波西米人虎斯(John Huss,约生于一三六九年),因受威克列夫之影响,对于教会之改革,极其热忱。氏主张耶稣教徒对于有罪过之教士,不应服从之。氏之为此言也,一方固欲改善教会,而他方则因高级僧侣大多数皆为德国人,而欲借此以排除之。同时氏又主张变更巴拉加(Prague)大学之组织,此亦欲屏去德人优越权之一种表示。故氏在宗教方面为改革家,而在政治方面则为捷克民族中之国权运动者。但此种危及教会与政府之言论之宣传,实宗教大会所不能容忍。然虎斯自信甚笃,自愿前赴君士坦司大会,以为大会中人必能信其主张之正当。不意刚至该地,即为大会所拘(一四一四年十二月)。最后大会定以异端之罪,以火焚之,投其尸灰于莱因河中(一四一五年七月)。

君士坦司大会之第三件大事,为教会内部之改革。一四一七年十月九日,通过议案,以后每十年应开宗教大会一次。此外并条举教会中流弊之应改革者,如废立教皇之理由及方法,扑灭异端之方法,以及法外施恩(Dispensations)之赎罪券等,提交新教皇与大会中一部分会员研究而实行之。

此次大会,除暂时恢复教会之统一以外,仍无甚结果。教会改革之事,终不能实行。虎斯虽被焚,而异端并不因之而消灭。并且波西米之异端,颇能抵抗武力,最后竟能战败十字军(一四三一)。教皇马丁第五不得已召集宗教大会筹议扑灭之方法,此即史上有名之巴西耳(Basel)大会是也。

在巴西耳大会期中(一四三一——一四四九),教会内部极扰攘,然结果卒臻于教会之统一。巴西耳大会,为大会与教皇之优越权问题,始终与马丁第五之继任者犹其尼阿斯第四(Eugenius Ⅳ)为难,犹其尼阿斯遂于一四三七年下令解散之,并另召集大会于非拉(Ferrara)。巴西耳大会自以地位居于教皇之上,卒议决废置之,并于一四三九年另选萨瓦(Savoy)公亚麦德第八(Amédée Ⅷ)为新教皇,称非力克斯第五(Félix Ⅴ)。同时非拉大会于一四三八年开会,专心讨论东西两教会合一之问题。其时东罗马因有土耳基人之入逼,危在旦夕,急欲与罗马教会言和,以冀获得援助,两方讨论结果,东方教会竟承认罗马教皇为领袖。犹其尼阿斯第四虽遭巴西耳大会之反对,但有复合东西两教会之功,西欧人民极赞颂之。同时东方代表颇有留居西欧者,西欧人士研究东方学术之兴会因之益盛。在巴西耳方面,大会威信渐失,非力克斯第五对之亦不满意,卒于一四四九年自动抛弃教皇之职。此后一般西欧人仍承认犹其尼阿斯第四之继任者为正统,西方大分裂至此始正式完全恢复其统一。

然而,宗教改革之机已由虎斯发其端,此种虚伪之统一特近黄昏时之夕阳耳!

第二节 罗马帝国之寿命终止

体何德西(Theodosius)于临终时(三九五)曾将罗马帝国分为东西二部。西部帝国因日耳曼族之入侵,卒于四七六年为俄陶开（Odoacer）所倾覆，至于东部帝国，普通称为皮商丁帝国（Byzantine Empire），或希腊帝国（Greek Empire），竟能维持至千余年之久。东部帝国（或东罗马帝国），在欧洲方面仍常受外族之冲击；在亚洲方面，则屡为波斯人、亚拉伯人与土耳基人所侵扰。忆其刚成立时，其辖地面积自亚德里亚海直达红海，自埃及径抵多恼河；迨其衰亡时，其所属范围不过君士坦丁堡及其附郭之地而已。

七世纪时，塞尔维亚人自加里细亚（Galicia）冲入东部帝国，占据今南斯拉夫所有之地。十四世纪时，塞尔维亚族之查里曼杜商（Stephane Douchan，一三三一——一三五五）自称皇帝（Tsar），东征西伐，大有并吞巴尔干全部及囊括君士坦丁堡之势。乃彼正率军进向君士坦丁堡时，彼忽暴卒，彼之帝国亦转瞬裂为若干独立之邦。

保加利亚人亦尝自黑海方面威胁东部帝国，至七世纪时，居然定居于多恼河下游之南部。保加利亚人极精悍，屡次进犯君士坦丁堡之近郊，尤其是十世纪。以后保加利亚人自承为东部帝国之附庸，至第四次十字军侵入君士坦丁堡时始宣告独立（一二〇四）。

一二〇四年，十字军占有君士坦丁堡后，希腊二亲王狄奥多拉斯加立司（Theodore Lascaris）与亚历西斯柯乃伦（Alexio Comnene）各于小亚细亚建立国家。狄奥多建尼西亚（Nicaea）帝国；亚历西斯建特勒比让德

(Trebizonde)帝国（一四六一年为土耳基人所灭）。尼西亚皇帝迈克尔第八（Michael Palaeologus）于一二六一年起而推翻拉丁帝国，至此君士坦丁堡乃获复为东部帝国之首都。

东部帝国在西部帝国灭亡之后虽仍继续存在，而烽火常惊，时虞动摇；然凭其险阻，鼓其余勇，仍足以抗强敌。迨鄂斯曼土耳基族兴，以包围之势渐次进逼，于是奄奄一息之东部帝国遂无复能为矣。

鄂斯曼土耳基人（Osmanli Turks）原住阿尔泰山（Altai Mountains）一带。十三世纪初，蒙古族勃兴，中央亚细亚之土耳基族大遭蹂躏。有酋长苏力曼（Solyman Shah）者，率众西走亚美尼亚（Armenia）。其后蒙古征骑之怒潮稍停顿，此辈游牧民族又拟迁回中央亚细亚；不幸苏力曼死于中途，其部下遂四散。就中一部分则遵循埃尔多格拉耳（Ertoghrul）之指挥，直到小亚细亚而为塞尔柱克（Selzirk）人之附庸。至鄂斯曼（Osman, Ottoman or Othman）时（一二八八——一三二六），西向蚕食东罗马领土，其势甚盛，一三〇〇年，塞尔柱克王统中绝，鄂斯曼即代之而起，拥尊号曰苏丹（Sultan）。其子奥罕（Orkhan）陆续攻陷东罗马之名城布鲁撒（Brusa）、尼西亚及尼哥米底亚（Nicomedia）；此后即积极厉兵秣马以图进犯君士坦丁堡，但其计划在使君士坦丁堡陷于孤立，决不从正面进攻。

当一三四一年时,东罗马皇帝本为巴勒阿拉几族（Palaeologus）；乃有约翰坎塔邱济那（John Cantacuzenos）者,亦自立于的摩提加（Demotika）,以与巴勒阿拉几相抗。双方皆向土耳基乞援,奥罕乃于一三四五年专力援助坎塔邱济那,事定之后,奥罕与坎塔邱济那之女体何多娜（Theodora）缔婚,两方之关系遂日密。此后奥罕屡次往助其岳丈以御塞尔维亚人,于是土耳基之铁骑可以自由驰骋于东欧。一三五六年,又攻下加利波利（Gallipoli）,从此土耳基人一方可以控制达旦尼尔（Dardanelles）海峡以阻遏希腊人之海上援助,同时又可以之作为经略欧陆之根据地。

奥罕之子摩拉德第一（Murad Ⅰ）,从一三六〇年起即开始向色雷斯（Thrace）进攻。最后竟略得亚德里亚那堡（Adrianople）。此时东罗马皇帝约翰第五迫不得已,一方承认土耳基在色雷斯之主权,一方自愿降为土耳基之附庸（一三六三）。一三六六年,摩拉德定都亚德里亚那堡。一三八九年,大败塞尔维亚联军于科速洼（Kossova）平原,从此土耳基人可以长驱直抵多恼河畔。

科速洼战后,摩拉德之子倍齐德第一（Bayezid Ⅰ）即乘胜入塞尔维亚；旋又东向君士坦丁堡,对此残废之东罗马示威,约翰第五纳款乞和,并遣一万二千人加入土耳基军队。其后麦纽尔（Manuel）与土耳基冲突,倍齐德发兵围君士坦丁堡,前后亘七年之久；但以非主要兵力,城卒未下。一三九六年，大破欧洲之十字军于尼科波里（Nikopolis），此后铁骑所至，莫不披靡（一三九七——一三九九）。此时巴尔干全部，除极南之摩利亚（Morea）与东北之君士坦丁堡外，已全归其掌握。俄而蒙古大侵略者特穆尔（Timm or Timmlane）突出现于小亚细亚，威胁土耳基人（一四〇二），于是奄奄一息之君士坦丁堡又获苟延残喘至半世纪之久。

一四五三年四月，穆罕默德第二（Mohammed Ⅱ）躬率海陆大军围攻君士坦丁堡，东罗马帝君士坦丁十二仅以万人御之。五月二十九日，土军总攻，城破不守，君士坦丁死之。土军入城时，而城中人尚大会于广场以待救世天神之下降。土军大肆屠杀，圣苏非亚（St. Sophia）大礼拜堂亦被改为回教礼拜寺。顾君士坦丁堡虽陷落，而穆罕默德之野心初未即息。彼之目光复注于罗马，乃事未有成而彼遽以逝世闻（一四八一）。

东罗马帝国从此灭亡！土耳基从此建一横跨欧亚之新帝国。然此后纠纷甚大，此即所谓近东问题是也。盖自此二百余年，土耳基人尝征服匈牙利，曾屡次进逼维也纳，竟使欧人视之为欧洲之大患。在他一方面，土耳基人对于征服之各民族，并不使之同化，仅毁其政治组织，仅迫其缴纳捐税而已，因此各民族之教堂、学校、语言、习惯、法律，固依然存在也。因此，虽无塞尔维亚王国、保加亚利王国、希腊帝国，而塞尔维亚民族、保加利亚民族、希腊民族，固依然存在也。此类民族在极端控制下自不能不俯首帖耳，而一至十九世纪解放思想盛行之际，则如梦里醒来而急欲恢复其独立。自此战祸频兴，卒使土耳基在巴尔干之统治完全归于消失。

东罗马皇帝系统表

（一）体何德西（Theodosius）朝

亚加都（Arcadius）	三九五
体何德西第二（Theodosius Ⅱ）	四〇八
蒲尔舍利（Pulcherie）	四五〇
蒲尔舍利与马斯言（Marcien）	四五〇
马斯言	四五三

（二）色雷斯（Thrace）朝

利奥第一（Leo Ⅰ）	四五七
利奥第二（Leo Ⅱ）	四七四
载农（Zeno）	四七四
巴西里司克（Basilisque）	四七五
载农（第二次）	四七七
阿拉斯达斯第一（Anastase Ⅰ）	四九一

（三）茹斯底年（Justinian）朝

佳斯丁第一（Justin Ⅰ）	五一八
茹斯底年第一（Justinian Ⅰ）	五二七
佳斯丁第二（Justin Ⅱ）	五六五
底伯尔第二（Tibere Ⅱ）	五七八

摩里斯(Maurice)	五八二
福加斯(Phocas)	六〇二

(四)伊拉克留斯(Heraclius)朝

伊拉克留斯第一(Heraclius Ⅰ)	六一〇
伊拉克留斯君士坦丁(Heraclius Constantin)	六四一
伊拉克勒阿拉司(Heracleonas)	六四一
君士坦丁第二(Constantin Ⅱ)	六四一
君士坦丁第三(Constantin Ⅲ)	六六八
茹斯底年第二(Justinian Ⅱ)	六八五
利翁斯(Leonce)	六九五
底伯尔第三(Tibere Ⅲ)	六九八
茹斯底年第二(第二次)	七〇五
腓力彼克(Philippique Bardane)	七一一
阿拉斯达斯第二(Anastase Ⅱ)	七一三
体何德西第三(Theodosius Ⅲ)	七一六

(五)伊索利亚(Isaurie)朝

利奥第三(Leo Ⅲ)	七一七
君士坦丁第四(Constantin Ⅳ)	七四一
利奥第四(Leo Ⅳ)	七七五
君士坦丁第五(Constantin Ⅴ)	七八〇
爱里尼(Irene)	七九七
奈塞福剌斯(Nicephorus)	八〇二
斯多拉斯(Staurace)	八一一

迈克尔（Michael）	八一一
利奥第五（Leo Ⅴ）	八一三
迈克尔第二（Michael Ⅱ）	八二〇
提阿非尔（Theophile）	八二九
迈克尔第三（Michael Ⅲ）	八四二

（六）马其顿（Macedoine）朝

巴西尔第一（Basile Ⅰ）	八六七
君士坦丁第六（Constantin Ⅶ）	八六八——八七八
利奥第六（Leo Ⅵ）	八八六
亚历山大（Alexander）	九一一
君士坦丁第七（Constantin Ⅶ）	九一二
与罗曼第一（Romain Ⅰ）共治	九一九
君士坦丁第七（独治）	九四五
罗曼第二（Romain Ⅱ）	九五九
巴西尔第二（Basile Ⅱ）与君士坦丁第九（Constantin Ⅸ）	九六三
与奈塞福剌斯第二（Nicephorus Ⅱ）共治	九六三
与约翰第一（John Ⅰ）共治	九六九
君士坦丁第九（独治）	一〇二五
罗曼第三（Romain Ⅲ）	一〇二八
迈克尔第四（Michael Ⅳ）	一〇三四
迈克尔第五（Michael Ⅴ）	一〇四一
若赫（Zoe）与君士坦丁第十（Constantin Ⅹ）	一〇四二

体何多娜（Theodora） 一〇五四

迈克尔第六（Michael Ⅵ） 一〇五六

（七）柯乃伦（Comnenes）、皮加司（Ducas）与安吉司（Anges）朝

以撒克第一柯乃伦（Isaac Ⅰ Comnene） 一〇五七

君士坦丁十一度加司（Constantin Ⅺ Ducas） 一〇五九

犹多克西（Eudoxie）迈克尔第七（Michael Ⅶ），安特罗
  里克（Andronic）与君士坦丁十一 一〇六七

罗曼第四（Romain Ⅳ）与犹多克西 一〇六八

迈尔第七（独治） 一〇七一

奈塞福刺斯第三（Nicephorus Ⅲ）与奈塞福刺斯第四
  一〇七八

亚立西第一柯乃伦（Alexis Ⅰ Comnene） 一〇八一

约翰第一柯乃伦（John Ⅰ Comnene） 一一一八

麦纽尔第一（Manuel Ⅰ） 一一四三

亚立西第二（Alexis Ⅱ） 一一八〇

安德洛赖卡柯乃伦（Andronicus Comnene） 一一八三

以撒克第二安吉司（Isaac Ⅱ Ange） 一一八五

亚立西第三（Alexis Ⅲ） 一一九五

以撒克第二（第二次）与亚立西第四（Alexis Ⅳ） 一二〇三

亚立西第五（Alexis Ⅴ） 一二〇四

（八）拉丁（Latin）朝

鲍尔文第一（Baldwin Ⅰ of Flanders） 一二〇四

亨利(Henry of Flanders)	一二〇五
彼得(Peter of Courtenay)	一二一六
罗伯(Robert of Courtenay)	一二一九
鲍尔文第二(Baldwin Ⅱ)	一二二八
约翰布里恩(John of Brienne)	一二三一
鲍尔文第三(Baldwin Ⅲ)	一二三七

(九)巴勒阿拉几(Palaeologus)朝

迈克尔第八(Michael Ⅷ)	一二六一
安德洛赖卡第二(Andronicus Ⅱ)	一二八二
安德洛赖卡第二与迈克尔第九(Michael Ⅸ)	一二九五
安德洛赖卡第二(第二次独治)	一三二〇
安德洛赖卡第三(Andronicus Ⅲ)	一三二八
约翰第五(John Ⅴ)	一三四一
约翰第五与约翰第六	一三四七
约翰第五、约翰第六与马太(Mathieu)	一三五五
约翰第五与马太	一三五五
约翰第五(第二次独治)	一三五六
麦纽尔第二(Manuel Ⅱ)	一三九一
约翰第七(John Ⅶ)	一三九九
约翰第八(John Ⅷ)	一四二五
君士坦丁十二(Constantin Ⅶ)	一四四八
	一四五三

第七编 欧洲之曙光

第一章　地理上之大发见

第一节　地理知识与航海术之进步

在十五世纪末及十六世纪初，欧洲人之世界渐次增大，此在历史上确为一重要事实。欧人在大西洋南部方面发见南非，在东部方面发见印度洋之亚洲沿岸，在西部方面发见新大陆。此类发见应归功于葡萄牙人与西班牙人，而完成其事业之主要人物，非洲与亚洲为瓦斯哥加马（Vasco de Gama），美洲为哥伦布（Christopher Colomb）。

在中古期中，为一般人所欣羡而又可以获得厚利之用品，不外亚拉伯之香货，印度之宝石、珍珠、象牙与棉布，中国之丝与瓷，南洋群岛之香料。时丝路与香料路皆为亚拉伯人所把持，而当时欧洲人又不明亚洲之地理，只笼统称呼以上诸地为印度。欧洲人发见新地之第一动机，即在寻求通此印度之新路。

但欲达此种事业之目的，必先有修正之地球观念及精确之地理知识。中古欧洲人对于地中海沿岸尚能明了；非洲之波甲多角（Cape Bojador）与亚洲之恒河（Gange），亦有相当观念；此外则毫无所知。至于对于地球之整个概念，或则以为方盘，或则以为圆盘，决不承认其为球形；无论如何，耶路撒冷常居中央，人间天堂常在东方之极端。直到十三世纪，欧洲人之地理观念始有增进。教皇伊洛森第四（一二四六）及法王路易第九（一二五三），为抵御回人，曾先后派遣佛兰西斯派修道士甲尔宾（Plan Carpin）与如布基威廉（Guillaume de Roubrouquis）前往喀拉科陇（Karakorum），以冀与蒙人缔结同盟，卒因此明了自里海至中国北部之地理。不久，一威尼斯人马可波罗（Marco Polo）赴亚洲旅行约二十年（一二七一——一二九一）。彼曾到北京（Cambalu），计居留中国（Cathay）者十七年，既乃由安南、印度、波斯遄返欧洲。彼所著《世界奇观》（Livre des Merveilles）一书，盛称中国及日本（Zipangu）之富，此点颇能激起欧洲人向东旅行之热念。至于地球观念之改变，此则有待于亚拉伯人；欧人即由亚拉伯人之仲介，乃获明了希腊地理学者如伊拉度司敦（Eratosthene）、司特拉奔（Strabon）及蒲多勒米（Ptolemy）等之论据。十四世纪末，法人阿里彼得（Peter of Ailly）根据希腊人之观念著书曰《世界表》（Tablean du Monde），力言围绕欧洲、非洲及亚洲者为同一海洋，此说对于十五世纪初之葡萄牙人启迪颇不少；哥伦布亦尝读此书。

与地理观念同时进步者,厥惟航海之必需用具,即测星器、指南针与船只。测星器发明于十三世纪;指南针亦于十字军时由亚拉伯人输入欧洲;至于船只之改善,则有待于威尼斯人。中古之船只,几完全航行于地中海中,其船或则因舷浅不能避风浪,或则因体重而无法疾行。十四世纪当英法百年战争时,威尼斯人因法国交通梗阻无法径达佛兰德,势不能不改由海道,因而改造可以抗御大西洋风涛之船只。此种船只轻快而安稳,此即以后之探险家如葡萄牙人,如哥伦布,所利用者。

第二节 葡萄牙人之殖民事业

就最近发见之一三三九年之地图,已志有波甲多角、阿索勒新群岛(Azores)、马得拉群岛(Madeira)及加拉勒群岛(Canary),是此等地方早已有人发见之矣。一三六〇年时,法国低培(Dieppe)及卢昂(Rouen)之水手曾远航达于非洲之几内亚湾(Gulf of Guinea)以求象牙与金,今日之象边(Ivory Coast)、金边(Gold Coast)盖其遗迹也。

葡萄牙人之远航有一特点,即其航行不仅为商业的,且为科学而方法的。此种科学性质之航行,实造端于亨利亲王(Prince Henry the Navigator,一三九四——一四六六)。彼与摩洛哥回人苦斗之后,即居留于扫味森特角(Cape St. Vincent),并于居室附近创一天文地理及航海之学校。自一四一九年起,每年必派遣具备最新知识之航行队出发，此种航行队之惟一使命，即在超过上期航行队最终所达之地。至一四六九年，葡王亚尔峰斯第五（Alphonse V）又将几内亚沿岸之拓殖权付托于一公司，规定每年必须开拓新岸五百里。

但在事实方面，进行仍迟缓而困难；计费十四年始达波甲多角（一四三三）；费十五年始自波甲多角达绿角（Cape Verde，一四四七）。此后三十年间，葡人继续南进，至一四八六年，地亚士（Diaz）始抵非洲南端之好望角（Cape of Good Hope）。地亚士本拟更向东岸北航，其同行者不愿前进，乃于阿尔哥亚（Algoa）树立标柱而还。当地亚士向非洲南行时，葡王约翰第二又派遣其武官科维伦彼得（Joas Peres Da Covilham）经埃及、红海探察印度（一四八六）。科维伦彼得卒抵科里库特（Calicut），并自该地向非洲东岸航行直达三比西（Zambesi）。一四九七年六月，瓦斯哥加马又自葡萄牙出发，绕好望角循非洲东岸直抵桑给巴尔（Zavgibar），旋东航至科里库特（一四九八年五月），再北行至疴袜（Goa），至一四九九年九月始返欧洲。

印度之路既已发现，葡人遂欲垄断印度洋之商业。瓦斯哥加马刚抵欧洲，提督卡白拉尔（Alvarez Cabral）即率舰队出发（一五〇〇年三月）。乃途中忽遇暴风，逼其舰队西行，结果漂至南美之巴西（Brazil）。一五〇二年，瓦斯哥加马率兵舰二十艘赴印度，炮击科里库特之后，即往复巡逻亚拉伯海，凡遇亚拉伯之船舶，悉纵火焚之。葡人此举，不仅亚拉伯商人大遭损失，即埃及与威尼斯亦极受影响。威尼斯人旋组联军以攻葡人，不幸竟为印度总督阿尔米达（d'Almeida）败之于猷岛（Diu，一五〇九）。威尼斯人又拟开凿苏彝士（Suez）以抵制好望角，乃陆军又为法王路易十二所败，于是威尼斯之实力耗尽，不复再言抗御横行于印度洋上之葡人矣。迨阿尔白开尔克（Albuquerque）先后占领索哥德拉岛（Socotra，一五一三）及和尔木斯峡（Ormuz，一五一五），从此红海与波斯湾之管钥亦握于葡人之手，从此东西贸易非经葡人之手其道末由。

阿尔白开尔克允为葡萄牙殖民事业之创始人。彼曾占领疴袜（一五一〇），略取麻剌甲（Malacca，一五一一）。所有交通孔道几全为葡人所把握，此后印度洋俨然成为葡萄牙人之湖沼。阿氏部下又越麻剌甲往前推进直达爪哇（Java）、班达（Banda）、摩鹿加（Moluccas）一带；一五一七年抵中国广东；一五二〇年，葡萄牙居然遣使到北京。前后不过二十余年，葡人之殖民地带竟自大西洋达于太平洋，自波甲多角至摩鹿加，此外南美尚有巴西，统计其海岸线奚止两万余基罗米达。

但葡萄牙之殖民事业并非近代式之殖民。葡萄牙人颇似古昔之腓尼基人与加太基人，其对于殖民地域并不深入内地，仅占领若干沿岸商埠而已。所有留居殖民地者皆为商人，此辈只注意积聚运赴里斯本（Lisbon）之商品；此辈留居之期限普通不过三五年，只须致富之目的已达，立即挟资归去。时里斯本俨成一大堆栈；由此分销于其他欧洲各地之贸易，则完全由荷兰人经营之。葡萄牙不能继续维持其殖民地，其本国地小人少亦一重要原因。至十六世纪末，葡萄牙本身既陷于西班牙统治之下（参看拙编《欧洲近古史》第一编第二章第八节），而其最宝贵之东方殖民地，如苏门答腊（Sumatra）、爪哇等，又陆续被卷于荷兰人之怀中（参看《欧洲近古史》第一编第六章第六节）。

第三节　西班牙人之殖民事业

当葡萄牙人向南绕非洲探寻印度之路时，哥伦布亦为西班人向西寻求，结果发见意想以外之另一新大陆。

哥伦布居留里斯本七年（一四七八——一四八四），专力研究地理与天文。阿里彼得之书对彼极有影响，佛罗伦斯人度斯加列里（Toscanelli）之通讯于彼之计画尤多助益。彼先贡献其探险计画于葡陶牙王约翰第二，约翰谢之，彼乃转赴西班牙（一四八四）。西班牙女王伊萨伯拉（Isabella）极赞成其计画（一四八六），并优礼之。一四九二年八月三日，哥伦布始率舰队自拔洛斯（Palos）出发。十月十日，同行者似已无前进勇气，但哥伦布仍坚欲达其目的。十一日夜，突见火光，哥氏大喜。十二日晨，陆地已现于眼前，此即关拉哈里岛（Guanahani）也。旋又发见古巴（Cuba）、三多明各（Saint Domingo）诸岛。至一四九三年三月始返西班牙。

以后哥伦布又继续航行三次（一四九三、一四九八、一五〇二），卒完成安的列斯群岛（Antilles Islands）之发见。在第二次航行中，彼竟达于南美疴勒诺哥河（Orinoco）之北岸。在第三次航行中，彼尝缘中美海岸直抵巴拿马之地颈。当彼作第二度航行时，彼之声誉已不大佳，因彼之发见未能与马可波罗之记载及彼之预言相符也。但彼直至其死时（一五〇六），始终相信彼所发见者为亚洲，所有发见之岛屿实距印度甚近；彼所抱歉者，惟未能直达红海耳。

久之，人始怀疑哥氏所发见者为亚洲以外之另一陆地。一五一三年，巴尔鲍（Balboa）登巴拿马地颈之高山，向西望见无涯之大海，此种怀疑遂告成立。迨麦哲伦（Magellan）躬亲试航后，于是以前之错误乃完全大白（一五一九——一五二一）。葡人麦哲伦为阿尔白开尔克在印度时之同事。彼循南美沿岸向南而行，旋绕麦哲伦峡向西直航，卒达菲律宾（Philippine），不幸为土人所害（一五二一年四月）。麦氏之同行者德尔喀罗（Del Cano）仍鼓勇前进，最后绕好望角而返西班牙。

西班牙人在美洲方面初仅占领古巴及三多明各诸岛；哥伦布死后十五年始从事经略美洲大陆。西班牙人在安的列斯群岛中所遇者，仅为毫无组织之部落；而在墨西哥及秘鲁所遇者，则为有文化有组织之民族。当西班牙人入墨西哥时，当地民族称阿斯德克族（Azteques）。

征服该地，前后计历四年（一五一九——一五二二）；主其事者为哥德士（Fernand Cortez）。一五一九年，哥德士率六百余人自墨西哥北部登陆；数月后，径向墨京进发。墨皇孟德如马（Montezuma）无法阻之，不得已以客礼款待之。数日后，哥德士借词西班牙人为墨西哥人所袭击，立即冲入皇宫挟走孟德如马而以之为统治墨西哥之傀儡。一五二〇年六月，哥氏部将在一游艺大会中乘机劫掠屠杀，墨人死者数百。墨京居民大愤，起而报复，数百西班牙人悉被杀。一年后，哥氏围攻墨京，卒下之（一五二一年八月）。从此墨西哥更名新西班牙，哥氏被任为总督。

十年后，比沙罗（Pizarro）与阿尔马格罗（Almagro）又开始秘鲁之经略。一五三二年，比沙罗率百余人入秘鲁。时秘鲁王印加族（Incas）阿达须阿尔巴（Atahualpa）正夺其兄许阿司加尔（Huascar）之地古斯各（Cuzco）而合并之于基多（Quito），一时混乱莫名，比沙罗因得进行无阻。比氏请阿达须阿尔巴参观西班牙军营，旋借词囚禁之。比氏向其勒索巨款后，即诬以阴谋之罪而判处焚刑（一五三三年四月）。既而阿尔马格罗索援军来，比氏遂向古斯各进发而占领其地（十一月），至一五三五年，秘鲁已大概平定，比氏乃另创新都曰利马（Lima）。

查理第五（Charles-quint）分秘鲁为两部：北部（即今之秘鲁）给予比沙罗；南部（即今之智利）赐予阿尔马格罗。比、阿两人因各扩充其辖地范围，彼此卒以兵戎相见。阿尔马格罗为比氏所俘而被杀（一五三八），比沙罗又为阿氏部下所暗刺（一五四一）。两人之后仍继续互哄不已，直至查理第五以秘鲁为直辖领土派遣总督统治之后，其争始息（一五四七）。

西班牙之殖民事业与葡萄牙完全不同：葡萄牙人为商业性质，西班牙人为侵略性质。西班牙人不仅占据沿岸之要埠，并深入内地以事经略。所有西班牙之殖民地，如墨西哥、秘鲁、哥伦比亚等，皆无异西班牙领土之延伸；观其命名曰新西班牙、新加斯的、新格拉那大，即可以明了其意义。在殖民地之西班牙人，普通皆作久居之想，绝无归国之念，故西班牙之殖民事业，缺点虽多，究较胜于昙花一现之葡萄牙殖民事业而维持之较久。即以今日而论，其殖民事业虽已成为过去，而中美与南美之种族、语言及文化固仍西班牙人之遗痕也。

第四节 大发见之影响

地理上之大发见虽为葡萄牙人与西班牙人之事业，然其重要性并不纯属于葡萄牙人与西班牙人。就其发生之影响言之，关于经济、政治、科学、宗教各方面，大发见实为世界史中之重要事迹。大发见之影响，一部分表现于立刻，他部分实现于以后；扩大言之，其影响或者至今尚未完全展露。仅就当时而言，除葡萄牙与西班牙之国力突然发展而外，其影响于各方面者实有纪述之必要。

首受大发见之影响而生变化者,厥惟商业大道。以前东方商品之输入欧洲,皆由埃及经过,此后则完全经由好望角。地中海自昔即为商业活动之中心,此后竟失其重要性而逊位于大西洋。亚力山大利亚、热那亚、威尼斯、马赛,以前皆为重要商埠,此后仅居于第二等之地位。反之,所有葡萄牙、西班牙、法国、荷兰、英国,在大西洋方面之商埠,居然起而代替地中海沿岸商埠之隆盛。

西班牙人在墨西哥、秘鲁等处开凿金银矿,并在宫殿、神庙及坟墓中掠取金货,因此每年运入西班牙之金银不可胜计。当十六世纪中叶,欧洲之货币数额比之六十年前哥伦布航行之前夕,增加之量,何止十倍。但此种大量金银对于西班牙人并无多大益处,仅由彼等之手源源经过而已。盖西班牙人自以为从此豪富,多渐不事生产工作,凡所需者皆以金钱购之于邻邦。直到当时,欧洲贵族之主要财富厥惟土地;自西班牙之金银散播于各工商业家之手以后,以金钱为基础之中产阶级竟起而与旧日之贵族相抗衡。自此以后,中产阶级之社会地位与政治势力遂日见发展而在欧洲渐渐形成一种中心之形势。

西班牙人为谋取金银,其对于印第安人常不惜施用最残酷之手段。哥德士部将在墨京游艺会中之行动,比沙罗之对于秘鲁王阿达须阿尔巴,此皆西班牙人残酷性表现之发端。在墨京既被占领之后,孟德如马之承继人瓜的摩森(Guatimozin)因不说明藏金之所在,竟被置于炭火之上。哥德士之一部将曾一次活焚四百余墨西哥人。比沙罗之一部将曾尽屠基多之居民，虽妇孺亦不能免。所有殖民地之印第安人皆被分给于各侨民，作工无报偿，实际无殊于奴隶。此辈印第安人多用之于探采贵重金属品，或作最苦之矿工，因此死者极众。单就三多明各一岛而论，当哥伦布发见时，计有居民一百余万。十七年后（一五〇九），仅余四万；再过五年，只一万三千而已。教士拉斯加沙司（Las Casas）曾大声疾呼，痛陈被压迫者之苦况，最后查理第五始严厉命令保护土人。但此种命令曾发生另一不幸之结果。西班牙人为需要苦工，乃向非洲购买黑人而转运之于美洲。自此以后，非洲黑人竟不惜互相残杀以谋取俘虏，因此黑人生命之被牺牲者实无法以数字统计之矣。

　　知识亦因地理上之发见而大扩张。盖新地发见之后，所有新地上之新人类、新文化、新草木鸟兽，亦皆罗列于眼前。此种不期之新事物，颇唤起欧洲人之惊奇，激动欧洲人之好奇心，摇撼欧洲人之思想，驯至推翻欧洲人旧日之科学理论与信仰。

　　大发见对于耶教，一方曾为其开拓扩张之地，但同时又将一般人对于僧侣之信任心理及对于其宣教之尊仰心理完全消毁。盖一般僧侣以前皆谓当时之事实为不合理，不可能之事，实违反科学与信心，乃所有假定竟成真理，尤其是地球之形状。总之，文艺复兴与宗教改革确受大发见之影响，此实非过甚之词。

第二章 文艺复兴

第一节 人之自觉

文艺复兴始于何时,此实未可易言。"要之文艺复兴,实为人类精神界之春雷。……一方则情感理知极其崇高;一方则嗜欲机诈极其狞恶。……惟综合其繁变纷纭之结果,则有二事可以扼其纲:一曰人之发见;一曰世界之发见。"①盖中古教权时代,"人与世界之间,间之以神"②,至"文艺复兴,而人与世界乃直接交涉"③。中古人能一旦抛弃出世观念而对自然世界发展其爱好之本能,此实有赖于人之自觉心理。所谓自觉心理,即人之个性之复活,此为文艺复兴之酵母,为近代一切史迹之动力。

文艺复兴,就狭义言之为文学艺术之复兴,即受希

---

① 见蒋方震著《欧洲文艺复兴史》。
② 同上。
③ 同上。

腊、罗马文学艺术上之影响而大放光明并生变化。就广义言之，在南欧为文艺复兴，在北欧为宗教改革。太因氏于其《英国文学史》中有言曰："宗教改革与文艺复兴，为一表一里，一正一反，质言之，则所谓同流而异趋，一本而二干是也。"①以下专言狭义之文艺复兴。

在十五世纪末及十六世纪初，当地理上大发见之时，在意大利及法国与德国突然发生一种文学艺术之大运动，灿烂光华，俨如春花怒放。此种运动为人类历史上最灿烂而又重要之一页：灿烂云者，即艺术家所有创作之品为以前所不能比拟也；重要云者，即因地理发见，人类在加广之物质活动场之前又见思想及智识活动之场亦同时加广也。惟此地有应注意者数端：（一）文艺复兴并非一种新事物，只为一种承续，为以前长期努力之成功，为一种迟缓进步之阶段。（二）文艺复兴为复古精神，为异教精神（Paganism）。古代势力在意大利自十五世纪即极有力量，至十六世纪即透入一切，控制一切，无论文学与艺术，无论法国与德国，皆为其势力所笼罩。同时文学与艺术所取之材料，普通常于耶教方面之事迹，如圣人历史与《新约》，而附之以异教方面之事迹，如古代历史与神话。（三）文艺复兴因复古而完全脱离中古厌世之人生。此时之人极倾向于唯物主义，充满生之欲望，及快乐与形体美

---

① 见蒋方震著《欧洲文艺复兴史》。

观之信仰。风俗败坏无论矣；即在艺术方面，亦只兢兢于形式之修饰，而不注意其精神，甚至宗教上之作品亦毫无宗教意味。

促起文艺复兴之原因，除传布文化之工具之发明，及新地发见所增加之财富而外，厥惟一般对于文学艺术之提倡者。在意大利方面，佛罗伦斯之美地奇族加司莫（Cosimo of Medicis，一三八九——一四六四）；在法国方面，不艮地公胆壮腓力布（Philip the Hardily，一三六三——一四〇四）与和善腓力布（Philip the Good，一四一九——一四六七），均能优礼文人，奖励文艺。在十五世纪中叶之罗马方面，教皇尼哥拉第五（Nicholas Ⅴ，一四四七——一四五五）尝搜集手钞本五千件以实梵谛冈图书馆。当时亲王无论大小，共和国无论佛罗伦斯或威尼斯，无论教皇、法王、德皇，均莫不积极奖励文艺。此辈对于文学家与艺术家，或则赠以重金，或则隆以荣誉，有时且视之为特殊人物而奉之若天之骄子。雕刻家斯里利（Benvenuto Cellini，一五〇〇——一五七一）因杀人被人追捕，教皇保罗第三（Paul Ⅲ）阻之曰："凡具稀有之才之艺术家，如斯里利其人者，应不受法律之制裁。"[①]美地奇族加司莫之孙罗棱索（Lorenzo the Magnificent，？——一四九二），颇能继其先祖之遗志，常于左右赡养文学家及艺术家多人。彼对于

---

① 见马来著《近古史》(Malet, Histoire Moderne)。

古代希腊极其爱慕，常特别组织游艺会以纪念柏拉图，并于其花园中盛大举行柏氏雕像揭幕之礼。彼在位之日，实佛罗伦斯文学艺术达于极盛之时代，故人比之为古雅典之白律苛司。教皇朱理亚第二(Julius Ⅱ,一五〇三——一五一三)尝谓文学"对于平民为银，对于贵族为金，对于亲王为金钢石"①。彼常于其左右聘来当时之艺术名家，如布拉曼底(Bramante,一四四四——一五二〇)等。朱理亚第二以后之教皇利奥第十(Leo Ⅹ,一五一三——一五二一)，提倡文艺，不遗余力，其对于拉飞耳居然待之如美术部长，故人称当时为利奥第十世纪。皇帝查理第五(Charles-quint)对于威尼斯派画家提兴(Titian,一四七七——一五七六)极其尊崇，竟赐以巴拉丁及御前顾问之头衔与特权。一日参观画室，提兴画笔偶堕地，查理第五为之拾起并交还提兴而言曰："提兴实应当由凯撒侍奉之。"②法国自路易十二(一四九八——一五一五)至亨利第二(一五四七——一五五九)之后美地奇加他林(Catherine of Medicis)，皆能努力奖励文艺，尤以佛兰西斯第一(Francis I,一五一五——一五四七)为甚。彼曾创建法兰西学院(Collège de France)，改造鲁渥宫(Louvre)及枫丹白露(Fontainebleau)等地之宫苑。彼之左右常有艺术家多人，

---

① 见马来著《近古史》(Malet, Histoire Moderne)。
② 同上。

如斯里利、罗索（Rosso）及蒲里马底孝（Primaticcio）等；彼尝自意大利输入大批古代大理石；彼又常向拉非尔、文西（Leonard de Vinci，一四五二——一五一九）、萨多（Andre, del Sarto，一四八八——一五三〇）诸人订购画幅，文西、萨多且受聘至法国。

第二节　意大利之文艺复兴

法国南部在十二世纪时，文学极其发达，颇有文艺复兴之可能。嗣因宗教问题大受北部法人之摧残，于是尚待培植之新力，遽遭顿挫。但"法国南部所产生的新文艺，大都是一种感情爆发的产品，美丽有余，而毅力不足；所以不如带有考古性质的意大利的文艺复兴，为能有领袖和创造的资格"①。

文艺复兴之发端于意大利，其故亦有数端：（一）古罗马遗风潜伏于社会生活中甚深，虽久而不磨灭。（二）意大利距离东方甚近，所受亚拉伯之文化，纯为异教精神；一旦教会腐败不足以维持信心时，则异教之势力自然兴起。（三）当时意大利诸城市，彼此常互相争斗，而各城市之内又有教皇党与皇帝党之争，黑党与白党之战。欲谋生存，则必须奋斗，因此个人主义极其发达。（四）贵族诸侯习于奢华，适予美术以发展之机会。如米兰之斯福尔

---

① 见陈衡哲著《文艺复兴小史》。

萨族(Sforza)，佛罗伦斯之美地奇族，教皇朱理亚第二与利奥第十，其最著者。(五)平民与贵族好尚一致。一般群众，亦喜谈文艺，甚至全市罢工倾城往听新诗者。(六)美术家竞争甚烈，因妒而互相残杀之事，时有所闻。社会生活如此，美术家之想像力与创造力因之增大。

文艺复兴，本兼文学艺术而言；但文学发达，较次于雕刻与绘画，盖当时诸侯贵族，多爱美术，而不愿有新思想也。然文学之复兴与发达，亦可别为三期言之：(一)自然发达时期；(二)拟古时期；(三)异宗美术时期。

第一期有三大人物，曰但丁(Dante，一二六五——一三二一)，曰彼脱拉克(Petrarch，一三〇四——一三七四)，曰朴伽邱(Boccaccio，一三一三——一三七五)。但丁为中古时代之诗人，而为近世思想之开山祖。其名著曰《神曲》(Divine Comedy)，体裁为寓言，内容为中古社会之缩影。重主观，有个性，且不用古文而用俗语，此则纯然文艺复兴之先声也。彼脱拉克为近代言情诗之祖。彼嗜拉丁古学，能深入古典之境而体会之。西部欧洲学者之完全脱离中古之学问，及使人赏鉴希腊、罗马之文学，当以彼脱拉克为第一，故人文派(humanists)推彼脱拉克为始祖焉。朴伽邱为小说家，其名著《十日谈》(Decameron)，为意大利十四世纪之社会之画幅；书中人物，皆有个性，颇能代表人类解放以后之社会现状。世人多称《十日谈》为《人曲》，以比但丁之《神曲》，而推朴氏为近代小说家之祖。

第二期自朴伽邱殁后迄美地奇罗棱索死时。自彼脱拉克卒后百年间，意大利人之研究古文者有同宗教。惟十四世纪之古文学者，类不谙希腊文。乃有两事继续发生，遂促进希腊名著之普及。一为东罗马皇帝欲兴十字军以抗土耳基人，特遣希腊学者克利梭那(Chrysoloras)游说西欧(一三九〇)。克氏留居意大利为教授，并编著《希腊文法》。一时西欧人士研究希腊文学之兴趣，陡然为之增高，甚有前往君士坦丁堡留学者。一为土耳基人占领君士坦丁堡(一四五三)，多数学者因联翩挟策西来。意大利人由拉丁而进窥希腊，因考古而及其源，于是荷马之诗，柏拉图之哲学，遂争相译以拉丁文矣。考据家之著名者曰凡喇(Lorenzo Valla，一四〇六——一四五七)，氏能以史实为根据而得正确之批评。当时研究古文之学者，大都皆教会以外之人，其读书均在家中，故人名之曰人文派，以别于学院派(Scholastic)。人文派以柏拉图学说为宗而成柏拉图派，此派主要人物凡三：(一)柏来翁(Gemiste Plethon, ？——一四五二)；(二)美地奇加司莫；(三)费西纳(Ficino，一四三三——一四九九)。

第三期专崇外观形式之美。是期之代表者有拉利奥斯(L'Arioste，一四七四——一五三三)。所著《怒之罗兰》(Roland furieux)，实为当时特出之作品。此诗以文字之剪裁见长，而少哲学上深沉之观念。其客观之态度与深刻之眼光，实开马基雅弗利（Machiavelli，一四六九——一五二七）著作之先声。马基雅弗利著《君道论》（De Principatilus）一书，直追亚里士多德，但不如其伟大。盖马氏之政治人，不受一切道德束缚，道德可为维持政治生存而牺牲。所著《佛罗伦斯史》（History of Florence），极其生动而精彩，文笔尤为劲健而明透。斯里利（Cellini）描写当时意人强梁美丽之生活，惟妙惟肖。亚来当（Aretin，一四九二——一五五七）著讽刺诗，笔锋极其尖刻，尤为当时文艺堕落之代表。迨脱素（TorquatoTasso，一五四四——一五九五）著《耶路撒冷之解放》（Jérusalem délivrée），文学堕落之风乃为之一变，而意大利十六世纪之文学亦与之俱就结束。

关于美术方面，建筑与雕刻在文艺复兴以前已有盛大成就（参看第五编第三章第二节）。然当时终以宗教之故，殊未能从自然与个性两方面充分发展，直至意大利之文艺复兴，前此之超世精神始获解放。当时之著名建筑家，为圣彼得寺之设计大师布拉曼底，其注意不在局部之装饰，而在全体之组织。继布氏之后建筑圣彼得寺者为米格安治；米氏于建筑之内融入绘画之色彩与个人之想像，故圣彼得寺实为文艺复兴之象征物。在雕刻方面，佛罗伦斯有名师曰基柏尔提（Ghjberti，一三七八——一四五五），彼能将绘画之趣味运入雕刻，其最大成绩为佛罗伦斯城中浸礼场之铜门。米格安治于雕刻方面，能表现出极深刻之情绪与生命之奋斗，实为希腊以后之第一大雕刻家。文西与米格安治同，对于艺术各方面均有表见，实文艺复兴时代之骄子。即上述之圣彼得寺之建筑，亦因文西之参加，始获达到成功之伟大。

文艺复兴时代特有之美术，允推绘画。盖以前之绘画极其幼稚，如全体学、距离法，至十四世纪以后始逐渐进步。迨十五世纪中叶，油画发明，绘画乃离建筑而独立。当时画派甚多，试分述之：（一）佛罗伦斯派。先是十三世纪中叶，有皮商丁派画家至佛罗伦斯、西马毗（Cimabue，一二四〇——一三〇二，佛罗伦斯人）首承其教，遂开意大利绘画之先声。西氏之弟子基奥特（Giotto，一二七六——一三三六），尤能汲美之源于自然，别开自由生动之门，允推佛罗伦斯派之大师。基氏之后有飞沙耳（Fra Angelico da Fiesole，一三八七——一四五五），更能深入人情，且知解剖学。同时有麦萨西（Masaccio，一四〇二——一四四三）者，倡自然主义，于距离法与全体学皆有研究。距离法至乌瑟洛（Paolo Uccello，一三八九——一四七二），全体学至浮洛基（Verochio，一四三二——一四八八）而大成，而浮洛基尤能于景色中，了解光与空气之作用。（二）西爱纳派。西马毗之后有提楂（Duccio，十四世纪）者，亦皮商丁派画家，至西爱纳（Sienue，与西马毗俨成双璧。提楂画派以表见情绪为宗，而不注意于规模形式，因此至十五世纪时遂衰歇。（三）威尼斯派。威尼斯派为皮商丁派与拜驼雅(Padua)派混合而成。拜驼雅为当时思想自由之中心,佛罗伦斯之艺术大家,如基奥特,如腾那堆洛(Donatello,一三八六——一四六六,雕刻家),皆曾勾留于此者至十年之久。当地著名画家曰孟得涅(Mantegna,一四三一——一五〇六),能合古典研究与科学知识而为一,允为威尼斯派之创始者。然威尼斯派之真正开山祖,仍为培利尼族(Bellini)。基约瓦里培利尼(Giovanni Bollini,一四二七——一五一六)始初颇受孟德涅之感化,后作风渐变,遂弃胶画而改用油画。梯泚恩(Tiziano,一四七七——一五七六)之画,颇能与文西、米格安治、拉非尔诸大家并驾齐驱,可称威尼斯派之大师。意大利之画始于佛罗伦斯派,经威尼斯派而大成。佛罗伦斯派之画不免神秘忧郁,而威尼斯派则纯为乐天主义,至于色彩之美,亦以威尼斯派为第一。(四)乌勃利派。模仿佛罗伦斯派最得神似者为乌勃利(Umbria)派。此派有名画家为法比雅罗(Gentile da Fabriano,一三七〇——一四二七)、佛兰斯加(Pierodella Francesca,一四二〇——一四九二)等承受此派特异情感而为之发挥者,实为白日基罗(Perugino,一四四六——一五二四)。此派之画,色彩沉重而真挚,表情正直而纯洁。此外称文西曰米兰派,称拉飞耳曰罗马派,皆因其个人之特色而有此种称谓,其实非宗派也。文西、米格安治与拉飞耳,史称文艺复兴之三杰。文西之《最后晚餐》,米格安治之《最后审判》,拉飞耳之《圣母像》(Madonna)，皆为名世之作。三人之艺术各有其特性，盖文西源于知，米格安治源于力，拉飞耳源于爱，各有独到之能，不能相争亦不能相掩。三人不仅在文艺复兴时为一代大师，其于世界艺术史上实另辟新时期之超绝人物也。

第三节　法国之文艺复兴

法国之文艺复兴与意大利异。（一）意大利由承袭希腊、罗马而来，而法国则由承袭意大利而起。（二）复古之风在意大利，其势甚骤，而为时甚短；在法国，则其流甚缓，而其力甚深。（三）意大利之文艺发达于民间，而法国则渊源于宫庭。盖法国自路易十一迄查理第八，国势统一，王权日张，内力既充，乃思外竞。查理第八本抱有远征土耳基人以夺得君士坦丁堡之雄心，因欲实现其计画，乃先着手于那不勒之占领（一四九五）。查理死后，其叔路易十二即位，以其祖母之关系，竟欲并米兰与那不勒而有之。一四九九年，陷米兰；一五〇〇年，复占那不勒。乃教皇朱理亚第二兴神圣同盟军，卒逐法军于意大利之外（一五一二）。迨佛兰西斯第一继路易十二为法王，再以大军入米兰，意大利北部遂为法国所领。

```
                            查理第五(1364—1380)
查理第六(1380—1422)       路易(阿尔良公)══Valentine Visconti
查理第七(1422—1461)       查理(阿尔良公)         约翰(Angoulême 公)
路易十一(1461—1483)       路易十二(1498—1515)    查理(Angoulême 公)
查理第八(1483—1498)                            佛兰西斯第一(1515—1547)
```

　　法王远征意大利之结果,骤视之似甚平庸,而其实则甚巨。盖法人三次出征意大利,自王室贵族以迄全国人民之从事军役者,颇受意大利文化之刺激。此后意大利文化不仅传入法国,而且转入英国与德国。故人谓法人出征意大利,在政治方面为法人干涉意大利事,而在文化方面,则为法人被意人之征服。查理第八诱于南欧生活之丰富与华奢,极力提倡美人标准须以文西与拉飞耳之《圣母像》为则。路易十二则招文西诸艺术家来法,并建意大利式之行宫于该容(Gaillon)。然成法国文艺复兴之大业者,仍须以提倡人文主义之佛兰西斯第一为始祖。当时王之左右有蒲特(Guillanme Budé,一四六七——一五四〇)其人者,极力提倡古学,并建议创设法兰西学院。自此学院成立,于是法国文艺复兴之运动,乃如画龙点睛而获操文化之枢纽。同时王妹马加立（Marguerite d'Angoulême)亦极保护人文派,其小宫庭俨然当时文学之中心(参看拙编《欧洲近古史》第一编第四章第一节第二段及蒋方震《欧洲文艺复兴史》六一页)。但法国之人文派与意大利同源而异流。盖意大利模仿古典,仅及其形;法国翻译古典,深探其神。因此意大利文化于文艺复兴后顿然衰废,而法国文化则继长增高,竟能于十八世纪操持欧洲之牛耳。

当文艺复兴初期,流派未分,咸汇集于佛兰西斯及马加立之宫中。不久,法国南宗成文艺复兴一派,北系成宗教改革一派;前者之代表曰拉勃来(François Rabelais,一四九五——一五五五),而后者之代表则为甲尔文(Jean Calvin,一五〇九——一五六四)。拉勃来虽反对旧教,而不从新教,名旧教为伪善,名新教为暴烈。其文学上之最大价值,在歌颂自然之神圣与慈爱,人称其书为文艺复兴之《圣经》。甲尔文尊道德,重诚虔,其主义以美之享乐为纵欲,非人生之最高目的,而放弃自由,斯为人生之真自由。当时欧洲文学显分二途:一以文艺美术为基础曰南派;一以宗教道德为基础曰北派。是时法人已饱尝南方美感及理性之味,故终入于南派。

法国文艺复兴,在十六世纪上半期尚少美术观念;直至十六世纪下半期,其文艺复兴精神始弥漫于文学界。法之文艺复兴提倡者,上半期为蒲特,下半期为爱底恩亨利(Henri Estienne,一五三二——一五九八)。爱氏以意大利为堕落之文艺,极力提倡希腊文学,同时并注意法国本国文学。当时能以完全之文艺复兴精神输入于文学界者,有里昂派,此派势力颇能反射于巴黎。其中最著名者为瑟夫摩里斯(Maurice Scève,一五一〇——一五五二)。瑟氏之后有昂社(La Pléiade),以龙沙(Pierre de

Ronsard，一五二四——一五八五）为领袖。此派反对不自然无生命之技巧，同时反对人文派之尽弃本国语言而专用古文。其主旨在取古人之精神，使现代语言改良而丰富之。诸人之好古精神为该社之主要动力；其于法国文学史上，实十六世纪一种最堪注意之运动。

在美术方面，文艺复兴之影响则不如及于文学界之深。盖法国有中古固有之美术，同时又因种种外界条件之限制，故外来潮流，不能完全侵入，结果国粹派之势力极大。亨利第二以前，法国尚无所谓建筑家，仅有凑合构造之匠人。至十六世纪下半期，建筑始成学科，乃有学理，乃有计画。但此种新式建筑，仍胎袭于古代艺术，仍学之于意大利人。当时法国之建筑大家，其声名地位可与意大利之拉飞耳比肩者，曰雷斯古（Pierre Lescot，一五一○——一五七八）。其建筑极其庄严壮丽，所建鲁渥宫（Louvre）实可与意大利之圣彼得寺相比拟。德洛姆（Philibert Delorme，一五一五——一五七○）亦当时建筑名家，其杰作品有德雷（Dreux）附近之亚纳宫（Château d'Anet），及圣德里（Saint-Denis）之佛兰西斯第一之墓。法国雕刻亦分国粹与古典两派。国粹派名家有歌仑布（Michel Colombe，一四三○——一五一二）、李歇（Ligier Richier，一五○○——一五六七）与蓬当（Pierre Bontemps，十六世纪上半期人）等。歌仑布之名作为不列颠公爵佛兰西斯第二之墓；李歇有最动人之《敛尸》；蓬当有佛兰西斯第一墓上之雕像。诸人作品之共通性质为写实主义。彼辈专意实际生活,并不追求理想之美。古典派大家则有古容(Jean Goujon,一五一五？——五六七？)与比隆(Germain Pilon,一五三五——五九〇)。古容之名作,有鲁渥宫之雕刻,亚纳宫之月神(Diane),及纯洁喷泉亭之仙女(Nymphes de la fontaine des Innocents)。比隆作品之最有名者为亨利第二墓上之铜像。法国在绘画方面,十四世纪时有不艮地画派。此派初亦受意大利之影响,后乃承袭佛兰德流派,而以其固有之优雅民性寓于其中。当时有名作家,一为孚格(Jean Fouquet,一四一五——四八〇),此为工笔画(miniature)之圣手。一为克鲁耶(Jean Clouet,一四八五——五四五),此为画像大师。佛兰西斯第一为粉饰枫丹白露宫(Château de Fontainebleau),曾招来意大利画师二人,一曰罗沙(Rosso,一四九六——五四一),一曰柏里麦底(Primatice,一五〇四——五七〇),因此造成所谓枫丹白露派。此派艺术由意大利强植于法,未能加以陶镕,故势力不大。

第四节　北欧之文艺复兴

北欧当十三四世纪时,其美术已能独立发展。十三世纪时,巴黎为文化之中心。及十四世纪,哥德式之美术,遂由法而转入佛兰德。十五世纪初,佛兰德之雕刻,已较意大利早为发达。当时雕刻大家斯卢陀(Claus

Sluter，一三??——一四〇五），所作摩西像，纯为写实主义。在绘画方面，亦较先涉及写实。至十五世纪中叶，意大利人至佛兰德学习油画者尤多。本来油画在十二世纪时即已发明，不过以后佛兰德画家更完成干燥之法，并使色泽加强而已。但后人多以望爱克兄弟（Hubert van Eyck，一三六六——一四二六；John van Eyck，一三九〇——一四四〇）为油画发明之祖。望爱克于干特（Ghent）圣巴伏恩（Saint Bavon）教堂所作祭坛画，大有影响于当时画界。盖二人之画风，由写实出发，并应用科学方法，描写极其逼真。此种画法，与注重理想及陶醉于情感之表现之南方画派，截然不同。望爱克之后，有大师足与齐名者，曰望特威屯（Roger van der Weyden，一四〇〇——一四六四）。望爱克以静止、明澈、伟大为归，而望特威屯则注意感性，以表强烈之情调。所画《耶稣降自十字架》，允推杰作。自一四五〇年以降三十年间为佛兰德绘画极盛之期。大家辈出，最著者为梅姆林（Hans Memling，一四二五——一四九五）。梅氏作肖像画、宗教画甚多，一扫从来粗野之习，人称之为佛兰德之拉飞耳。自意大利派与佛兰德派接触之后，遂产生所谓安特威普（Antwerp）派，其始祖曰马齐（Quentin Matsys，一四六〇——一五三〇）。马氏作品一方为写实主义，同时又兼理想及讽示之要素，其名作为《殓尸》。十五世纪末年，南派日盛，于是佛兰德画家咸南游学画，而自成一种佛兰德派之意大利画。此派以理想主义与现实主义杂然混合。亘十六世纪后半期，佛兰德画界皆受其支配。此派画师之著名者，有荷瑟（Jan Gossaert，一四七〇——一五四一）与望奥来（Barent van Orley，一四九〇——一五四一）等。自是以还，南北二宗日益接近调和，遂造成近代佛兰德绘画大师鲁本司（Rubens，一五七七——一六四〇）之地位。

德国在中古时，西部与南部一带地方，如斯特拉斯堡（Strasburg）、科伦（Colgne）、努连堡（Nurenberg）、勒根斯不尔尼（Rogensburg）、乌尔穆（Ulm）等地，有甚美之哥德式建筑，此外各地之新起建筑物亦不少。十五世纪末及十六世纪初，德国创建之大学，奚止十五所，且其中八大学均教希腊与拉丁两种文字。德人研究古学之兴趣，当时实无一地可与比拟，虽意大利亦不如也。德国人文派之最有名者，一为拉许林（Reuchlin，一四五五——一五二二），一为爱拉司姆（Erasme，一四六七——一五三六）。拉许林曾精研希腊文与希伯来文，常漫游德国、荷兰、法国、意大利等地；嗣教授于图宾根（Tubingen）大学，声誉极佳。氏著有《希腊文规》《拉丁辞典》等。爱拉司姆为人文派中之最伟大者，除他日之福禄特尔（Voltaire）以外，殆无人堪与匹敌。氏与英国之人文主义者摩尔（Thomas More）及哥乃（John Colet）交谊极笃。氏主张研究古文以提倡文化，故所有著作皆用拉丁文。所著《愚之赞美》（The Praise of Folly）一书，氏已先马丁路德揭露教会之缺点矣。书中文字,庄谐杂出,故路德谓其为"游戏一切,甚至宗教与耶稣亦不能免其诙谐之人"。氏一方希望古学之复盛,同时提倡耶教之中兴,彼乃于一五一六年重印《新约全书》之希腊文原本,并附以拉丁文新译。关于教会之改革,彼主张渐进,不赞成叛离,因此对于路德之言论与态度不时加以攻击。氏一生生活虽流动,但著作绝未稍懈,学问湛深,才识优越,诚文艺复兴时之一大人物也。关于建筑方面,德人甚久皆通行哥德式,直至十六世纪始渐迎受意大利之感化。当时最有名之建筑物,有赫德尔伯尔(Heidelberg)宫(一五五六)与科伦市政厅(一五六九)。在雕刻方面,最著名之作家为努连堡之维舍(Pierre Vischer,一四五五——一五二九)及其诸子。至于绘画,德人在十五世纪时已有进步,至十六世纪竟产生两大画师,一为笛来(Albert Dürer,一四七一——一五二八),一为霍尔彭(Hans Holbein,一四九七——一五四三)。笛来之艺术与思想,与意大利诸大家相伯仲。所作《悲哀》《战士》与《死》诸画,皆含蓄至深,有若不言之诗。至其构图之工,颇能媲美文西诸人而无愧。"使吾人能了解笛来,则知其真理,名贵与典雅诸端,惟有意大利最大之艺术家堪与匹敌。"其杰作多宗教画,人谓其功德与路德相同,盖路德传布耶稣之教义,而笛来则传布耶稣之教像也。霍尔彭为理想主义者,其杰作《圣母》与《耶稣》极其娴雅。德人受其影响,乃渐知人格与美之调和。所作之画,其精确处与笛来相仿佛,但笔致之自由则过之。笛来为佛兰哥尼亚派(Franconian School);霍尔彭为许华本派(Schwaben School);此外尚有萨克逊派(Saxon School)。萨克逊派之代表者曰格鲁赖华特(Mathias Gruuewald,约死于一五二九年以后)。格氏善用色彩,为近世写实主义之先驱。至十六世纪下半期,适当宗教战争频繁之时,德国固有之美术,因之无从发展。以后德国画界,纯为法国及意大利之势力所支配,而无所谓纯粹之德国派别矣。

英国在十五世纪时"可算自诺曼征服以后最穷于智识的发展者。牛津的思想自由固然横被摧残了,诛除威克列夫主义的运动随后固然弥漫于全国了,但代兴者无物"[①]。"在世俗人中,除了若干动人的记事短歌以外,这时期中,也没有产生任何伟大的文学。巧塞只有读者、翻印者及摹仿者,而无后继者。"[②]自力历(Lily,一四六八——一五二二)、林拉刻(Linacre,一四六〇——一五二四)等,从意大利将希腊文学、拉丁文法及科学医术之新趣传入英国,一般潜心力学之士始渐认识古代世界之精神。哥乃(John Colet,十五世纪末)在牛津讲演圣保罗之书札,纯从希腊原文诠释一切,并以人文主义之眼光解释保罗之人生及其遗教。摩尔(Thomas More,一四七八——一五三

---

① 见钱端升译《英国史》。
② 同上。

五)以拉丁文著《乌托邦》(Utopia),其假想之世界极其和乐,绝无因宗教意见而被人杀害之事。迨伊利沙白时代,文人乘时而生,诗家如斯宾塞(Damund Spenser,一五五二——一五九九);小说家如列利(John Lily,一五五三——一六〇六)及施德利(Philip Sidney,一五五四——一五八六);散文家如培根(Francis Bacon,一五六一——一六二六),皆当时之矫矫者也。"意大利的文艺复兴及其探索的精神和希腊、罗马思想自由的想见,因不胜西班牙人及耶稣会徒之摧折,已由发祥地移植于英吉利,经英吉利诗人接生于阿登森林(Forest of Arden)中英吉利树木上后,它又滋长生发,而蔚成茂林。"[1]而使其"蔚成茂林"者,此何人欤?此即世界知名之莎士比亚(William Shakespeare,一五六四——一六一六)也。凡英国之人,莫不被其感化,社会风俗,亦因之而改良;其学识之博,德泽之厚,诚空前绝后之一人。至今凡有文字之国,莫不翻译其著作,是受其感化者,不独英国已也。故人谓文艺复兴之运动,但丁开其端,而莎士比亚集其成,斯言至为允当。

在艺术方面,英国沿用哥德式最为长久。自一四八五年至一五五八年间通行一种垂直线式,称秋特勒式(Tudor style)。当查理第一时,复兴式建筑虽曾流行一时,但不久即衰微。当时之著名建筑家,一为若伦司

---

[1] 见钱端升译《英国史》。

(Inigo Jones,一五七二——一六五二),其杰作品为皇宫之宴飨厅(Banqueting Hall of Whitchall),一为乌仑(Christopher Wren,一六三二——一七二三),其著名作品为圣保罗礼拜堂。

结　论

中古人有两种矛盾倾向：（一）统一倾向。一般人皆梦魂颠倒于古代罗马之光荣，即欲将三九五年以后之西欧重新组成统一完整之国家，实施之者为查理曼，此统一倾向之胜利。（二）分离倾向。查理曼帝国自八四三年《凡尔登条约》隐然分裂为三国后，每部分又再分为无数亲王领地，不惟距离统一甚远，且历经十、十一及十二世纪，分裂愈形复杂，此即封建制度，此分离倾向之胜利。

但在长期分裂当中，却表现一种统一之原理，此即宗教是也。盖当时西欧各民族，虽分隶于各国王、各领主，然皆为同一信仰之民族，所谓耶教民族，共戴教皇为领袖。

宗教与教会，统治一切，直及于科学；影响一切，直及于艺术。教育操于教士之手，先行之于修道院，既施之于各大学。

十三、十四、十五世纪，为近古预备期：（一）就各国内部言,国王积极集中权力以压抑诸侯,如英法。(二)自波利伐第八(Boniface Ⅷ)失势后,教皇已无抗拒国王之力,但信心统一仍存在,惟乏指挥一致行动之权力。(三)神圣战争已由民族战争所代替,如英法百年之役,如西班牙之驱回人;所争者非圣地,乃国家之独立。(四)艺术与科学亦世俗化;智识既不为僧侣所垄断,艺术亦离开教堂而推及于普通建筑。(五)以前惟闻贵族与僧侣,斯时则有中产阶级之产生,并进而参与政治。

在近古预备期中,其思想之转变及其特色亦有可得而言者:

(一)新人

中古个人,完全处于阶级势力之下,非国家一分子,亦非世界一分子,乃教会之奴众而已。职是之故,所有思想习惯,行为举止,皆有厌世色彩,苟且终身,曾不识人生真际;对于社会事业,亦极淡然,盖非自然人(Natural man),而纯为超自然人(Super-natural man)也。文艺复兴后,复古精神,充溢欧洲,于是前此沉没之希腊新人,重复出现。

(二)新宗教

中古教会既为人神之媒介,则人人自不能不仰其鼻息,结果所至,不仅人之思想为之锢蔽,而人之良心亦失其自由。一五一七年,马丁路德起而反抗,于是宗教改革之风潮,勃焉以起。马氏谓人可凭信而得救,只须良心之虔诚,即可与上帝接触,殊不必何种之仲介。吾人固不必凭借教会,而教会之作为,无一非背正义,抑更非上帝之所许也。其与旧教不同之点:(一)旧教超世,此则较近自然;(二)旧教厌世,此则乐天。宗教改革之结果,虽未能将旧教势力,完全铲除,然旧教亦因而改善自身,剔除积弊。而其影响于良心之解放者,抑更深矣。

(三)新世界观

亚里士多德以地为不动之中心;氏谓地球行星,皆非吾人究竟之目的,目的在恒星世界。吾人之要,端在超脱此现世,与上帝相接近。纪元二世纪时,蒲多勒米(Ptolemy)更集亚氏以来天文学之大成,确立地中说(Geocentrical theory),谓地球处天之中,静而非动。降至中古,更附以宗教色彩,根深蒂固,牢不可拔。迨十六世纪,哥白尼(Copernicus,一四七三——一五四三)出,因读班赛高勒斯(Pythagoras,纪元前六世纪)之书,恍然有悟,于千数百年来视为无有疑问之地中说,独起而推翻之,另创日中说(Helio-centrical theory of the solar system),谓地动日静,天体之间,日球处中,其余行星,皆绕日球而旋转,组成太阳系。伽利略(Galileo,一五六四——一六四二)更制望远镜以证之,日中之说,遂有不灭之真价。欧人之世界观，亦由是丕变。新人处新宇宙（A new man in a new universe），此杜威（Dewey）所谓近代之人居一去盖之世界（The modern man lives in a world with the lid off）也。自哥伦布（Columbus）发见美洲（一四九二），瓦斯哥加马（Vasco da Gama）发见印度新航路（一四九八），麦哲伦（Magellan）环游地球一周（一五一九至一五二一）以来，地圆之理，既因以证明，而与新民族接触，欧人眼界，于焉扩大，前之以地中海为中心者，至是遂以世界为舞台矣。

（四）新政治

封建诸侯之政治，即如何与教会携手以统治人民，别无何种政治。自文艺复兴以来，多数政治学者皆主张中央集权，使四分五裂之封建，统一于政治领袖。将欲诣此，推翻宗教势力，其首着矣。同时，总括耶教之欧洲建一帝国之观念，已全消失，此时最引人注意者，厥惟民族君主国。马基雅弗利（Machiavelli，一四六九——一五二七）目击当时政府附属教会，深致痛恨，极思联合意大利成一主权集中之国家。马氏主张之政治人，不受一切道德束缚，道德可为维持政治生存而牺牲；其唯一目的，则在建立及扩张政治权力。法人波丹（Jean Bodin，一五三〇——一五九六）亦起而奔走呼号，反对各宗教党派之立异互讦，主张信教自由及君主无可置疑之最高权，激荡之余，欧人渐有国家观念，而国家主义（Nationalism）亦于此滋长矣。

（五）新经济组织

中古为农业社会，其经济之组织，大都以农业为基础。十字军后，工商业逐渐兴盛，于地主、农夫两极之间，又发生一中产阶级（Bourgeois），此级本为平民，因经营商业，雄于资财，势力乃张。同时因火药枪炮之发明，地主之城堡，失其保障，封建制度，于以衰微；而自由之都市，更随商业之发达以俱盛，于是工商之组织乃取农业之组织而代之。前之贵族，失其重要，一切政权，渐由资本家操纵矣。

参考书

中文书目

《中古欧洲史》	何炳松
《世界史纲》	韦尔斯
《中国历史研究法》	梁启超
《西洋大历史》	李泰棻
《世界各国志》	商务印书馆
《西史纲要》	张仲和
《世界史话》	何卧云　朱鸿禧
《西洋古代史》	曹绍濂
《古代文化史》	陈建民译
《西欧中古近代史要》	吴挹青译
《世界宗教史》	铁铮译
《耶稣基督》	袁定安
《新旧约全书》	美国圣经会
《教会辑史》	中华信义会

《教会史略》	中华信义会
《信条学》	中华信义会
《罗马史》	张乃燕
《罗马兴亡史》	王文彝
《中古哲学与文明》	庆泽彭译
《伊斯兰教概论》	马邻翼
《回教民族运动史》	陈捷
《英国史》	钱端升译
《英国史》	余子渊
《陪审制度》	阮毅成
《英国宪法政治小史》	曾友豪
《欧美各国宪法史》	潘大逵
《欧美政制史》	邓公玄译
《德国史纲》	魏以新译
《德国史》	康选宜译
《德国发达简史》	常乃惪
《神圣罗马帝国》	胡涵真译
《意大利史》	吴绳海
《近世欧洲经济发达史》	李光忠译
《各国经济史》	新生命书局
《西洋经济思想史》	邹敬芳
《中世欧洲经济史》	徐天一译
《英国经济史》	熊大经译

《奴隶制度史》	唐道海译
《社会制度发展史》	潘念之译
《欧洲文化变迁小史》	杭　苏
《社会变迁》	孙本文
《社会进化史纲》	邓初民
《欧洲思想大观》	蒋桑汉译
《欧洲政治史》	高希圣译
《欧洲政治思想史》	高一涵
《政治思想史》	戴克光译
《欧洲文学史》	周作人
《德国文学概论》	刘大杰
《德国文学史大纲》	张传普
《德意志文学》	余祥森
《英国文学史》	林惠元
《英国文学史》	王　靖
《法国文学史》	王维克译
《法国文学史》	徐霞村
《骑士文学》	玄　珠
《狐之神通》	君朔译
《伊索寓言演义》	孙毓修
《伊索寓言》	世界书局
《西洋美术史》	吕　澂
《西洋美术史》	丰子恺

《西洋美术史纲要》	萧石君
《泰西进步概论》	伍光建译
《西洋科学史》	尤佳章译
《科学发达略史》	中华书局
《现代科学进化史》	徐守桢
《科学概论》	王星拱
《西洋哲学史》	瞿世英译
《西洋古代中世哲学史大纲》	缪凤林
《圣女贞德》	胡仁源译
《新土耳其》	柳克述
《最新世界殖民史》	葛绥成译
《近代世界殖民史略》	王锡纶译
《马哥孛罗》	张星烺
《欧洲文艺复兴史》	蒋方震
《文艺复兴小史》	陈衡哲
《丹第小传》	徐锡蕃译
《神曲》	傅东华
《十日谈》	伍光建译
《意大利及其艺术》	李金发
《雕刻家米西盎则罗》	李金发

西文书目

Les Barbares   Louis Halphen

Histoire Romaine　　　　　　　　Malet et Tsaac

La Fin du Monde Antique et lo Début du Moyen Age　　　　　　　　Ferdinand Lot

Le Moyen Age　　　　　　　　Funck Brentano

Le Moyan Age　　　　　　　　Ch. Aimond

Le Moyen Age　　　　　　　　Malet

Ta Civilisation en France au Moyen Age

　　　　　　　　Joan Evans

L'Eglise et la Civilisation au Moyen Age

　　　　　　　　Gustave Schnürer

Te Catholicisme　　　　　　　　Georges Goyan

Te Nouveau Testament　　　　　　　　Aug. Crampon

La Fin du Moyen Age(1285—1453)　Louis Halphen

La Fin du Moyen Age(1453—1492)　Louis Halphen

Les Débuts de l'Age Moderne

　　　　　　　　H. Hauser et A. Renaudet

Histoire de la Civilisation en Europe　　Guizot

Histoire de la Civilisation Française

　　　　　　　　Alfred Ramband

La Vie en France au Moyen Age　　Langlois

La Connaissance de la Nature et du Monde

　　　　　　　　Langlois

Histoire illustrée de la Littérature Française	Ch-M. Des Granges
Histoire de la Littérature Française	G. Lanson
Histoire de l'Angleterre	Henri Prentout
Histoire do l'Autriche-Hongrie	Louis Léger
Histoire des Etats-Unis d'Amérique	Lapradelle
Histoire de Deux Peuples continueé jusqu' à Hitler	Jacques Bainville
Histoire d'Espague	Louis Bertrand
Etudes sur l'Histoire Byzantine	Ramband
La Civilisation Byzantine	Steven Runciman
Le Siècle de la Renaissance	Louis Batiffol
Les Cathédrales	Librairie Hachette
Chronologie de l'Histoire de France	Librairie Générale
Dictionnaire Encyclopédique	Wahl
Dictionnaire Encyclopédique	Gregoire
Larousse Universel	Clande Angé
Atlas Général(Histoire et Géographie)	Vidal-Lablache